Figuras de retórica

Conselho Acadêmico
Ataliba Teixeira de Castilho
Carlos Eduardo Lins da Silva
Carlos Fico
Jaime Cordeiro
José Luiz Fiorin
Tania Regina de Luca

Proibida a reprodução total ou parcial em qualquer mídia
sem a autorização escrita da editora.
Os infratores estão sujeitos às penas da lei.

A Editora não é responsável pelo conteúdo deste livro.
O Autor conhece os fatos narrados, pelos quais é responsável,
assim como se responsabiliza pelos juízos emitidos.

Consulte nosso catálogo completo e últimos lançamentos em **www.editoracontexto.com.br**.

José Luiz Fiorin

Figuras de retórica

Copyright © 2014 do Autor

Todos os direitos desta edição reservados à
Editora Contexto (Editora Pinsky Ltda.)

Montagem de capa e diagramação
Gustavo S. Vilas Boas

Preparação de textos
Lilian Aquino

Revisão
Tatiana Borges Malheiro

Dados Internacionais de Catalogação na Publicação (CIP)
(Câmara Brasileira do Livro, SP, Brasil)

Fiorin, José Luiz
Figuras de retórica / José Luiz Fiorin. – 1. ed., 8ª reimpressão. –
São Paulo : Contexto, 2025.

Bibliografia.
ISBN 978-85-7244-823-9

1. Análise do discurso 2. Figuras de retórica
3. Linguagem 4. Linguística I. Título.

13-12433	CDD-410

Índice para catálogo sistemático:
1. Linguística 410

2025

EDITORA CONTEXTO
Diretor editorial: *Jaime Pinsky*

Rua Dr. José Elias, 520 – Alto da Lapa
05083-030 – São Paulo – SP
PABX: (11) 3832 5838
contato@editoracontexto.com.br
www.editoracontexto.com.br

Sumário

Prefácio 9

Linguística e retórica 12

A dimensão figurativa na retórica 25

Bases para um estudo das figuras 28

Classificação das figuras 32

Metáfora 34

Metonímia, sinédoque e antonomásia 37

Metáfora e metonímia: dois processos de construção do discurso 40

Da progressão metafórica e metonímica dos textos 43

Planos de leitura metafóricos e metonímicos dos textos 46

Personificação ou prosopopeia 51

Apóstrofe 55

Oximoro 59

Sinestesia 63

Hipálage 66

Ironia 69

Lítotes 73

Hipérbole 75

EUFEMISMO..78

PERÍFRASE E ADÍNATON..81

PRETERIÇÃO OU PARALIPSE..85

RETICÊNCIA OU APOSIOPESE...88

SILEPSE...91

ENÁLAGE...97

METALEPSE...103

HENDÍADE..107

FIGURAS DE REPETIÇÃO DE SONS OU DE MORFEMAS:
ALITERAÇÃO, ASSONÂNCIA, PAREQUEMA, HOMEOTELEUTO, HOMEOPTOTO.............109

FIGURAS DE REPETIÇÃO DE PALAVRAS OU DE SINTAGMAS
DENTRO DA MESMA ORAÇÃO OU VERSO:
EPIZEUXE OU REDUPLICAÇÃO, DIÁCOPE, EPANALEPSE.....................................115

FIGURAS DE REPETIÇÃO DE UMA PALAVRA OU SINTAGMA
EM OUTRA ORAÇÃO OU VERSO:
ANÁFORA, MESODIPLOSE, EPÍFORA OU EPÍSTROFE..118

FIGURAS DE REPETIÇÃO DE UMA PALAVRA OU SINTAGMA
EM OUTRA ORAÇÃO OU VERSO: EPANADIPLOSE, ANADIPLOSE,
PLOCE, EPÍMONE, POLISSÍNDETO..120

FIGURAS DE REPETIÇÃO DE MAIS DE UMA PALAVRA
OU SINTAGMA EM ORAÇÕES E VERSOS DISTINTOS:
SÍMPLOCE, ANTIMETÁBOLE, QUIASMO, EPÂNODO...124

FIGURAS DE REPETIÇÃO DE ORAÇÕES OU VERSOS:
PALILOGIA, RITORNELO (REFRÃO, ESTRIBILHO), EPANÁSTROFE.............................127

FIGURAS DE REPETIÇÃO SEMÂNTICA I:
ANTANÁCLASE OU DIÁFORA, PARONOMÁSIA, POLIPTOTO, PARADIÁSTOLE.............132

FIGURAS DE REPETIÇÃO SEMÂNTICA II: PARÁFRASE E PLEONASMO.....................136

FIGURAS DE REPETIÇÃO ESTRUTURAL: PARALELISMO OU ISÓCOLO.....................138

FIGURAS DE ACUMULAÇÃO I:
CONGLOBAÇÃO OU ENUMERAÇÃO OU EPIMERISMO..141

FIGURAS DE ACUMULAÇÃO II: METÁBOLE OU SINONÍMIA 143

FIGURAS DE ACUMULAÇÃO III:
GRADAÇÃO (CLÍMAX E ANTICLÍMAX), CONCATENAÇÃO OU EPÍPLOCE, SORITES 147

FIGURAS DE ACUMULAÇÃO IV: ANTÍTESE 151

FIGURAS DE ACUMULAÇÃO V: HIPOTIPOSE 154

FIGURAS DE DIMINUIÇÃO I: ASSÍNDETO, ELIPSE 163

FIGURAS DE DIMINUIÇÃO II: ZEUGMA, ANACOLUTO 166

FIGURAS DE TRANSPOSIÇÃO I: ANÁSTROFE, HIPÉRBATO, SÍNQUISE 171

FIGURAS DE TRANSPOSIÇÃO II:
HISTEROLOGIA OU *HÝSTERON PRÓTERON*, PARÊNTESE, SUSPENSÃO 177

FIGURAS DE TROCA I:
RETIFICAÇÃO OU CORREÇÃO OU EPANORTOSE, RETROAÇÃO 181

FIGURAS DE TROCA II: EXCLAMAÇÃO, INTERROGAÇÃO 184

METAPLASMOS E METÁGRAFOS 187

ÍNDICE REMISSIVO 199

BIBLIOGRAFIA 203

O AUTOR 205

Prefácio

Muitos domínios do conhecimento têm seus mitos fundadores. Conta Roland Barthes que a retórica surge, por volta de 485 a.C., depois que uma sublevação democrática derrubou os tiranos da Sicília Gelon e Hieron, que, durante seu governo, tinham expropriado muitas terras com a finalidade de distribuí-las a seus soldados. Depois da vitória dos insurretos, os proprietários espoliados reclamaram a devolução de suas propriedades. Esses processos mobilizavam grandes júris populares, que precisavam ser convencidos da justiça da reivindicação. A eloquência necessária para impelir o ânimo dos jurados tornou-se objeto de ensino. Os primeiros professores foram Empédocles de Agrigento, Córax, seu aluno em Siracusa e o que inaugurou a cobrança pelas lições ministradas, e Tísias (1975: 151).

A retórica é, sem dúvida nenhuma, a disciplina que, na História do Ocidente, deu início aos estudos do discurso. Tira ela seu nome do grego *rhéseis*, que quer dizer "ação da falar", donde "discurso". *Rhetoriké* é a arte oratória, de convencer pelo discurso. A emergência da primeira disciplina discursiva traz consigo a consciência da heterogeneidade do discurso. Com efeito, desde o seu princípio, estava presente nos ensinamentos de Córax que todo discurso pode ser invertido por outro discurso, tudo o que é feito por palavras pode ser desfeito por elas, a um discurso opõe-se um contradiscurso. Conta-se que Córax dispôs-se a ensinar suas técnicas a Tísias, combinando com ele que seria pago em função dos resultados obtidos pelo discípulo. Quando Tísias defendesse a primeira causa, pagar-lhe-ia se ganhasse; se perdesse, não lhe deveria nada. Terminadas as lições, o aluno entra com um processo contra o mestre. Nessa primeira demanda, ele ganharia ou perderia. Se ganhasse, não pagaria nada por causa da decisão do tribunal. Se perdesse, não deveria nada por causa do acordo particular entre eles. Córax constrói seu contradiscurso, retomando a argumentação de Tísias, mas invertendo-a. Se Tísias ganhar o processo, deve pagar por causa do acordo particular; se perder, deve pagar por causa da decisão do tribunal. Nos dois casos, deve pagar (Plantin, 1996: 5).

10 Figuras de retórica

A retórica é chamada arte (do latim *ars*, que traduz o grego *techné*), porque é um conjunto de habilidades (é uma técnica, entendiam os antigos) que visa a tornar o discurso eficaz, ou seja, capaz de persuadir.

Ao longo dos séculos, a retórica foi uma das disciplinas que estavam na base de todo o ensino. No entanto, ela cada vez mais foi sendo entendida como uma técnica de ornamentação do discurso. A palavra *ornamentação* era entendida como enfeite. Por isso, ela foi perdendo sua dimensão argumentativa e reduziu-se a um catálogo de figuras. Por essa razão, num determinado momento, foi entendida como algo inútil.

Nosso aprendizado das figuras de retórica está preso ainda a um período em que a retórica era essa relação de figuras. Em todas as gramáticas mais tradicionais, temos uma parte dedicada às figuras de retórica. Em geral, apresenta-se uma definição, na maior parte das vezes, extremamente imprecisa, e, em seguida, apresentam-se um ou alguns exemplos, como se vê na *Gramática expositiva* de Eduardo Carlos Pereira, que assim conceitua o anacoluto: "é a figura de sintaxe em que um termo se acha solto na frase, sem se ligar sintaticamente a outro" (1958: 258). Entre os exemplos, acha-se a seguinte passagem de Vieira: "*Os três reis orientais*, que vieram adorar o Filho de Deus recém-nascido em Belém, é tradição da igreja que um era preto". O problema é que a figura era apresentada como uma operação formal, sem que se mostrasse que sentido ela criava. As formas da língua existem para produzir sentidos.

As figuras, como mostraremos, são operações enunciativas para intensificar o sentido de algum elemento do discurso. São, assim, mecanismos de construção do discurso. Para entender isso, é preciso vê-las dentro de um contexto mais amplo. É o que procuramos fazer neste livro. Ele não é um catálogo de figuras, mas uma exposição detalhada das operações enunciativas de intensificação e, por conseguinte, também de atenuação dos significados apresentados no discurso. Por isso, as figuras têm sempre uma dimensão argumentativa, pois elas estão a serviço da persuasão, que constitui a base de toda a relação entre enunciador e enunciatário.

Os exemplos não serão citados remetendo a uma página de uma determinada edição. Como desejamos que todos possam encontrá-los, localizamos o texto num dado capítulo ou numa determinada parte de um todo (por exemplo, um romance, um conto, um sermão, uma poesia). Só citaremos localizando a página no caso dos textos que, como, por exemplo, *Grande sertão: veredas*, não apresentam nenhuma divisão em partes que permita a fácil localização.

Este livro é uma reorganização de textos que apareceram originalmente na revista *Língua Portuguesa*, publicada pela Editora Segmento.

A retórica foi uma aventura do espírito humano para, na construção da democracia, em que são essenciais a dissensão e a persuasão, compreender os meios de que se serve o enunciador para realizar sua atividade persuasória. Este livro é um convite a participar dessa aventura, que visa a tornar os homens mais humanos.

São Paulo, numa brumosa tarde do inverno de 2013.

José Luiz Fiorin

Linguística e retórica

Na Antiguidade e na Idade Média, o campo dos estudos linguísticos repartia-se em três disciplinas, a dialética, a retórica e a gramática, o *trivium* dos medievais. A dialética trata dos enunciados em sua relação com os objetos que supostamente eles representam e, por isso, tem a finalidade de distinguir o verdadeiro do falso. A retórica estuda os meios de persuasão criados pelo discurso e analisa, nos enunciados, os efeitos que eles podem produzir nos ouvintes. A gramática é a ciência dos enunciados considerados em si mesmos, ou seja, é o domínio do conhecimento que busca apreender os conteúdos e analisar os elementos da expressão que os veiculam. Diz Rener que a retórica era definida como a *ars bene dicendi* (arte do dizer bem, eficazmente)*,* a gramática, como a *ars recte dicendi* (arte do dizer corretamente) e a dialética, como a *ars vere dicendi* (arte do dizer com justeza, conforme a verdade) (1989: 147). Essas três artes constituem-se progressivamente do fim do século v a.C. (a época dos sofistas) até por volta do século i a.C., quando encontram um ponto de equilíbrio em sua delimitação recíproca.

A linguística constitui-se como ciência num momento de declínio da retórica, período compreendido entre o século xix e a primeira metade do século xx, quando Victor Hugo proclamava *Guerra à retórica e paz à sintaxe* (1973, i, 7). Bender e Wellbery estudam as condições discursivas que levaram ao declínio da retórica (1990). Em primeiro lugar, a definição de um ideal de transparência, objetividade e neutralidade do discurso científico com base na concepção de que a linguagem representa a realidade, o que é incompatível com o princípio da antifonia de que a cada discurso corresponde outro discurso, produzido por outro ponto de vista, o que significa que o discurso constrói a maneira como vemos a realidade. Em oposição a essa primeira condição discursiva de declínio da retórica, surge um ideal para-doxalmente contrário para o discurso literário, o de originalidade, individualidade e subjetividade, o que conflita com a ideia de um estoque de lugares comuns e de procedimentos à disposição do escritor. Em terceiro lugar, ocorre a ascensão do liberalismo como modelo do discurso político, que pretende que as escolhas dos agentes políticos são pautadas pela racionalidade, o que é inconciliável com o ideal de persuasão que está na base da retórica. Em quarto, o modelo de comunicação oral é substituído por um modelo de comunicação escrita, o que deixa em segundo plano a eloquência que serviu de ponto de partida para a criação da retórica. Finalmente, com a emergência dos Estados-nação e com o papel que adquirem as línguas nacionais dentro desse novo quadro, o latim deixa de ser a referência cultural. O positivismo científico e a estética romântica foram os paradigmas discursivos que não admitiam mais o papel exercido pela retórica por mais de dois milênios.

A linguística moderna surge quando Saussure, no *Curso de linguística geral* (1969), estabelece seu objeto. Dentro do objeto empírico, a linguagem humana, o mestre genebrino vai recortar o objeto teórico da ciência da linguagem, a língua. Esta é a parte social da linguagem, que possibilita o exercício da fala. Nela, existem oposições de sons e de sentidos e regras combinatórias de unidades. No primeiro capítulo do *Curso*, Saussure traça uma visão geral da história da linguística e considera que "a ciência que se constituiu em torno dos fatos da língua passou por três fases sucessivas antes de reconhecer qual é o seu verdadeiro e único objeto": a gramática, a filologia e a gramática comparada (1969: 7). Apesar de Saussure considerar que a gramática, inaugurada na tradição ocidental pelos gregos, era um objeto muito estreito, pois era "uma disciplina normativa, muito afastada da pura observação", que visava "unicamente a distinguir as formas corretas das incorretas", não deixa de reconhecer a filiação da linguística à gramática. A linguística, em seu início, não tem qualquer relação com a retórica ou a dialética. Por isso, estuda do som ao período e nada tem a dizer sobre o texto, que era uma unidade da fala e não da língua.

Na segunda metade do século XX, novas condições discursivas alteram, conforme Bender e Wellbery (1990), as premissas culturais hostis à retórica e assiste-se, então, a seu renascimento. Em primeiro lugar, o século XX liquidou o ideal de objetividade e neutralidade científica do positivismo. Muitos teóricos (por exemplo, Heisenberg e Gödel) mostram que os dados de observação não são neutros. Por outro lado, começa-se a verificar, conforme modelo difundido por Thomas Kuhn, que as ciências são construções dentro de determinados paradigmas. Em segundo lugar, a arte moderna solapa a noção de subjetividade fundadora da estética romântica. Com o surrealismo e, mais ainda, o dadaísmo, a experiência estética é vista como um jogo de forças inconscientes e linguísticas em relação a que o sujeito está descentrado. O ideal de originalidade é relativizado. Em terceiro lugar, o modelo de comunicação política é encarnado na publicidade, no marketing, nas relações públicas, em que a racionalidade dos

14 Figuras de retórica

agentes não é mais um axioma. O que se pretende é persuadir, isto é, convencer ou comover, ambos meios igualmente válidos de conduzir à admissão de determinada ideia. Com o advento das novas mídias, o modelo de comunicação escrita sofre um abalo, pois, como mostrou McLuhan, há uma relação profunda entre a nova cultura da imagem e a cultura oral pré-clássica (1969). Finalmente, revalorizam-se o poliglotismo, os dialetos, os jargões. É no bojo dessas condições discursivas que se produz uma mudança na linguística que possibilita sua aproximação com a retórica.

Émile Benveniste, que se considera um discípulo de Saussure, começa a se perguntar como é que se passa da virtualidade da língua para a realização da fala. Mostra que existe uma instância de mediação entre a língua e a fala. Uma instância é um conjunto de categorias que cria um dado domínio. Assim, essa instância de mediação é o conjunto de categorias que permite a passagem da língua para fala. São as categorias criadas no ato de dizer: a pessoa (*eu* é aquele que fala, *tu* é aquele com quem se fala), o tempo (*agora* é o momento da enunciação e, a partir do agora, criam-se os outros tempos linguísticos) e o espaço (*aqui* é o espaço do eu e, a partir dele, estabelecem-se as outras localizações espaciais) (1974: 79-88). A enunciação é, assim, a instância do *ego, hic et nunc* (do eu, do aqui e do agora). É, pois, o ato de apropriação individual da linguagem (1976: 284-293). Benveniste deixa patente que a enunciação é o ato de pôr em funcionamento a língua. Põe-se a língua em funcionamento, quando ela é assumida por um *eu*, que cria *tu*, num espaço e num tempo determinados, numa relação de comunicação.

Quando Benveniste demonstra que há uma instância linguística a mediar a passagem da língua para a fala, ele deixa de considerar a fala como o reino individual da liberdade e da criação, como fizera Saussure. Benveniste começa a mostrar-nos que o produto da enunciação é regrado, é social. Saussure pergunta-se num ponto do *Curso de linguística geral* se a fala tem alguma coisa de regular (1969: 26-28). Benveniste vai evidenciar que tem. Assim, ele cria um novo objeto para a linguística: o discurso, que é a atividade social da linguagem. Até então, a maior unidade de que se ocupava a linguística era o período. Com Benveniste, a ciência da linguagem passa a operar com unidades transfrásticas, o que permite criar uma linguística que tenha como unidade o texto, plano de manifestação do discurso. É essa linguística e não a da frase que se avizinha da retórica.

O primeiro trabalho a propugnar uma aproximação da linguística com a retórica talvez tenha sido o célebre texto de Jakobson intitulado "Dois aspectos da linguagem e dois tipos de afasia" (1963: 43-67). Nele, o linguista russo aponta que há uma relação profunda entre uma dicotomia fundamental da linguística saussuriana, *paradigma* vs. *sintagma*, e dois processos semânticos (ou mentais), a *similaridade* e a *contiguidade*, uma vez que o paradigma se constrói sobre liames de similaridade, enquanto o sintagma, sobre conexões de contiguidade. Esses dois processos geram as duas classes em que se repartem todos os tropos: a metáfora, construída sobre uma relação de similaridade e a metonímia, sobre uma relação de contiguidade. Jakobson funda uma semântica de base, em que se os sentidos são gerados metafórica e metonimicamente. Esses processos estão associados à condensação e ao deslocamento, que Freud havia considerado constitutivos do sonho e do chiste.

A metáfora e a metonímia não são processos apenas da linguagem verbal (Jakobson, 1963: 63). Em todas as outras linguagens (a pintura, a publicidade, etc.) usam-se metáforas e metonímias. Os signos de orientação de usuários em locais públicos ou nas estradas (indicação de restaurantes, de banheiros, etc.) são em geral metonímicos. É o caso de uma placa com talheres, que indica a existência de um restaurante, ou com uma cama, que aponta para a presença de um lugar para alojar-se. O quadro *Guernica*, de Picasso, é metonímico. Ele é constituído de elementos que se implicam para mostrar o horror da guerra. No quadro, não há cor, apenas cinza, branco e negro. Nele, não há relevo. A cor e o relevo são dois elementos com que a natureza se dá a conhecer ao homem. Eliminá-los é mostrar que não existe mais natureza e vida, mas tão somente a morte. As figuras dos caídos, bem como as coisas representadas (a lâmpada a querosene, a lâmpada elétrica, as chamas do incêndio, o touro), mostram que os aviadores alemães destruíram a vida, considerada tanto do ponto de vista da natureza quanto da história. *Guernica* representa o horror da guerra, com seu cortejo de destruições. Com ela desaparece a vida, desaparece a arte, desaparece a civilização. Já o quadro *Sono*, da Dali, é metafórico. Nele, representa-se uma cabeça segura por frágeis forquilhas. Tem-se a impressão de que, se uma cair, tudo desabará. Há uma interseção sêmica entre "cabeça segura por forquilhas" e "sono": a precariedade, a efemeridade.

Como mostra Jakobson, todos os processos simbólicos humanos, sejam eles sociais ou individuais, organizam-se metafórica e metonimicamente (1963: 65-66; cf. p. 40-41 deste livro).

16 Figuras de retórica

Para Jakobson, a metáfora e a metonímia são também processos de construção de unidades transfrásticas, pois, segundo ele, os tópicos de um texto podem encadear-se metafórica e metonimicamente (1963: 61). A partir daí, ele estabelece uma classificação das escolas literárias com base na maneira prototípica de textualizar: o romantismo e o simbolismo seriam metafóricos, enquanto o realismo seria metonímico.

Ao lado do esforço de Jakobson de fundamentar uma semântica na similaridade e na contiguidade, conservando, pois, apenas dois termos da antiga *elocutio* (= elocução), a metáfora e a metonímia, que não denotam mais figuras ou tropos particulares, mas dois processos semânticos (ou mentais) universais, a similaridade e a contiguidade, certo número de tentativas foram feitas para estudar o conjunto de tropos e de figuras. Nelas, parte-se da ideia de que a organização tradicional das figuras (por exemplo, figuras de palavras, figuras de pensamento e figuras de construção) não é, de um rigoroso ponto de vista metodológico, satisfatória e pensa-se em outros critérios para classificar e nomear as figuras. É o caso, por exemplo, do trabalho do Grupo μ. Esse grupo parte de fundamento clássico para estabelecer uma sistematização das figuras (1974: 72-201): a *quadripartita ratio* (explicação, organização quadripartida), que se compunha de quatro operações, *adiectio* (= adição), *detractio* (= subtração), *immutatio* (= permutação, troca) e *transmutatio* (= transposição) (Quintiliano, 9, I, 5, 38). Essas operações incidem sobre os constituintes de diferentes níveis, gerando quatro grupos de figuras: metaplasmos, metataxes, metassememas e matalogismos. Os dois primeiros grupos operam no nível da expressão e os dois últimos, no do conteúdo.

Essa retórica incorporada à linguística parte de um pressuposto radicalmente diferente do das retóricas tradicionais, que se pretendiam artes (conjuntos de procedimentos disponíveis para o orador e o escritor). O que se faz agora é descrever o que ocorre no discurso oral ou escrito e que escapa à intenção consciente do enunciador. Na verdade, o que se busca é descrever uma competência retórica inconsciente à maneira da competência linguística postulada por Chomsky. O que se quer estabelecer é um construto teórico responsável pela discursivização. Isso significa que não se almeja mais construir uma retórica, entendida como uma estratégia consciente visando a produzir determinados efeitos no auditório, mas busca-se analisar a retoricidade de toda operação de linguagem.

Roland Barthes, no ano letivo de 1964-1965, dirige um seminário sobre a retórica antiga e publica, em 1970, um longo texto sobre o tema no número 16 da revista

Communications (Barthes, 1975: 147-221). Pelo prestígio de que gozava o autor, esse texto teve grande influência sobre a imagem positiva da retórica entre linguistas, semiólogos e semioticistas. Nele Barthes não propugna abertamente a continuidade entre a tradição retórica e a teoria literária. No entanto, o próprio interesse de Barthes pelo tema estabelece uma ponte entre esses dois domínios do conhecimento. Na verdade, Barthes explora a retórica antiga para construir uma semiologia. Por isso, encanta-se com a "modernidade" de certas formulações da retórica antiga:

> [...] o que não quer dizer que, durante essa pesquisa, eu não tenha vibrado muitas vezes de excitação e admiração, diante da força e da sutileza desse antigo sistema retórico e diante da modernidade de algumas de suas proposições. (Barthes, 1975: 147)

Apesar de maravilhar-se com a modernidade de algumas proposições da retórica antiga, o que Roland Barthes faz é resumir a tradição retórica, fazendo sua história dos primórdios até seu declínio no século XIX e procurando expor a complexidade do sistema retórico. Aqui e acolá estabelece relações entre essa tradição e a moderna ciência da linguagem. Por exemplo:

> Em que medida exata e sob que reserva a ciência da linguagem tomou sob sua responsabilidade a antiga retórica? Houve primeiramente passagem para uma psicoestilística (ou estilística da expressividade). Mas hoje onde o mentalismo linguístico é perseguido? De toda a retórica, Jakobson conservou somente duas figuras, a metáfora e a metonímia, para transformá-las no emblema dos dois eixos da linguagem. Para alguns, o formidável trabalho de classificação realizado pela antiga retórica parece ainda utilizável, principalmente se o aplicarmos a campos marginais da comunicação ou da significação tal como a imagem publicitária, em que ele ainda é de praxe. Em todo caso, essas avaliações contraditórias demonstram bastante a ambiguidade atual do fenômeno retórico: objeto prestigioso de inteligência e de penetração, sistema grandioso que uma civilização inteira, em sua amplidão extrema, aperfeiçoou para classificar, ou melhor, para pensar a sua linguagem, instrumento de poder, lugar de conflitos históricos, cuja leitura se torna apaixonante se recolocarmos tal objeto na história múltipla em que ele se desenvolveu; mas também objeto ideológico, que cai na ideologia pelo avanço dessa "outra coisa" que lhe tomou o lugar e hoje o obriga a manter uma indispensável distância crítica. (Barthes, 1975: 178)

No final de seu texto, Barthes procura extrair da tradição retórica problemáticas que servissem aos estudos contemporâneos. Para ele, há três prolongamentos possíveis dos estudos retóricos (Barthes, 1975: 220-221). O primeiro é uma história da retórica, assentada em novos métodos, que poderia trazer novas luzes, sobre muitos aspectos de nossa literatura, de nosso ensino e de nossas instituições. O segundo é

18 Figuras de retórica

que a retórica poderia ser um método de análise da cultura de massas, dado que esta tem uma relação profunda com a retórica aristotélica, já que são fundadas ambas no maior número, na opinião corrente, na *dóxa*, na verossimilhança. O terceiro é mais surpreendente. Para ele, "nossa literatura, formada pela retórica e sublimada pelo humanismo, nasceu de uma prática político-judiciária". Por isso, um caminho de continuação dos estudos retóricos é um programa de linguagem revolucionária:

> [...] reduzir a retórica à categoria de objeto total e puramente histórico, reivindi-car com o nome de *texto*, de *escritura*, uma nova prática da linguagem e nunca se separar da ciência revolucionária representam um único e mesmo trabalho. (Barthes, 1975: 221)

Barthes colocou a retórica entre as novas ciências da linguagem, despertando o desejo de construção de uma nova retórica.

Como se disse anteriormente, o texto de Barthes apareceu no número 16 da revista *Communications* (1970), cujo tema era "pesquisas de retórica". Nesse volume, publicaram também Jean Cohen, Tzvetan Todorov, Grupo μ, Pierre Kuentz. Todos tomavam a retórica como um tratado de figuras ou mesmo como uma teoria da metáfora. Nesse mesmo número, entretanto, há um artigo de Gerard Genette (in Cohen et al., 1975: 129-146), intitulado "A retórica restrita", em que ele deplora que a retórica tenha sido reduzida a uma tropologia, perdendo, assim, sua dimensão argumentativa. Propõe uma volta da retórica a toda sua amplitude.

Barthes e todos os outros autores de número 16 de *Communications* continuam a ver a retórica como arte e como técnica (muitas vezes restrita ao estudo das figuras). Apesar de colocá-la entre as modernas ciências da linguagem, de restituir-lhe uma dignidade que sempre tivera, não percebem uma retoricidade geral da linguagem na esteira dos estudos de Vico e Nietzche, que Derrida vai valorizar.

Há, pois, duas direções da aproximação da linguística com a retórica: uma é a que considera que há uma retoricidade geral, que é a condição mesma da existência da produção discursiva; outra, que vê a retórica como um instrumento ainda válido de análise discursiva e que busca repensar a retórica antiga à luz das modernas descobertas da ciência da linguagem.

Interessa-nos aprofundar um pouco a primeira vertente. Duas disciplinas linguísticas aproximam-se da retórica e herdam-na: a pragmática e os estudos discursivos.

A pragmática é o estudo da linguagem em uso, em ação. Isso implica, de um lado, perceber que muitos enunciados só podem ser entendidos numa situação concreta de fala. Isso faz a pragmática aproximar-se dos paradoxos e dos jogos de linguagem dos sofistas. Certa ocasião, perguntaram a Sérgio Buarque de Holanda se o Chico Buarque era filho dele e ele respondeu: "– Não, o Chico não é meu filho, eu é que sou pai dele." Por outro lado, qualquer ato de linguagem tem uma direção argumentativa, o que significa que a argumentatividade e, por conseguinte, a persuasão é da natureza mesma da linguagem. É muito diferente a direção argumentativa em frases como: *Ele é um bom jogador, mas é problemático* e *Ele é problemático, mas é um bom jogador.*

Na pragmática, desenvolve-se uma da teoria dos atos de fala. Para distinguir os constativos dos performativos, Austin (1990) vai discutir mais profundamente a questão: que é que se faz, quando se diz alguma coisa? Nota que, quando se diz algo, realizam-se três atos: o ato locucionário (ou locucional); o ato ilocucionário (ou ilocucional) e o ato perlocucionário (ou perlocucional).

O ato locucionário é aquele que ocorre enunciando uma frase, é o ato linguístico de dizer. O ilocucionário é o que tem lugar na linguagem. O perlocucionário é o que se realiza pela linguagem. Assim, quando se toma a frase *Advirto-o a não mais fazer isso*, há o ato de dizer, de enunciar cada um dos elementos linguísticos componentes da frase. É o ato locucional. Quando se enuncia essa frase, produz-se o ato da advertência, que se realiza na linguagem, no próprio ato de dizer. No caso, esse ato está inclusive marcado com a forma verbal *advirto*. É o ato ilocucional. Há ainda mais um ato, que é o resultado do ato de linguagem e do ato ilocucional proferido e que depende do contexto da enunciação. Quando se enuncia a frase acima, o resultado pode ser a persuasão do interlocutor. Assim, é um ato que não se deu na linguagem, mas pela linguagem. É o ato perlocucional. O ato ilocucional tem um aspecto convencional, ou seja, está marcado na linguagem, enquanto o ato perlocucional não. O que significa estar marcado na linguagem? Significa que o ato ilocucionário pode ser explicitado pela fórmula performativa correspondente. Assim, na frase *Não se preocupe, eu virei amanhã*, o ato ilocucionário só pode ser a promessa, porque, nesse contexto, só se pode explicitar esse ato pela fórmula performativa *prometo*. O ato perlocucional é um efeito eventual dos atos locucional e ilocucional. Assim, por exemplo, a promessa de vir amanhã pode ser sentida pelo interlocutor como uma ameaça. A perlocução é o efeito que se cria no interlocutor com os atos de linguagem.

Ducrot postula que, ao compreender um enunciado, levamos em conta não apenas um componente linguístico, mas também um "componente retórico capaz de prever, levando em conta essas significações e as condições de emprego, o sentido efetivo do enunciado nos diferentes contextos em que seja empregado" (1972: 123).

20 Figuras de retórica

Nos estudos do discurso, a semiótica francesa, por exemplo, reconhece que há dois grandes tipos de textos: os figurativos, que criam simulacros do mundo, e os temáticos, que se destinam a explicar os universos de discurso. Isso significa que a dimensão tropológica da linguagem, que é mais evidente na literatura, está presente em todos os gêneros. A figuratividade é a condição da existência mesma do discurso.

Claude Zilberberg observa que o problema da afetividade, do sensível foi deixado de lado na constituição da linguística. Isso correspondeu a sua "desretorização" (2006: 179). A semiótica narrativa e discursiva tem como fontes principais a linguística, a antropologia estrutural e a narratologia de Propp. Buscou também contribuições na fenomenologia e na psicanálise. No entanto, ignorou a retórica. Hoje é preciso voltar à retórica e incorporá-la à semiótica. Para Zilberberg, isso corresponde à inclusão dos afetos na teoria, ao abarcamento da dimensão estésica do discurso. Afinal, a retórica tinha entre seus objetivos não apenas *docere* (= mostrar) ou *probare* (= provar), que concernem ao componente inteligível do discurso, mas também *delectare* (= deleitar) ou *placere* (= agradar) e *movere* (= emocionar) ou *flectere* (= comover) (Cícero, 1921, I, 21, 69, Quintiliano, 1980, XII, 2, 11), que dizem respeito ao componente afetivo do discurso. Tomemos um exemplo: a questão das múltiplas leituras de um texto.

A isotopia é a recorrência, ao longo de uma cadeia sintagmática, de categorias sêmicas que garantem a unidade ao discurso (Greimas e Courtés, 1979: 197). É a isotopia que estabelece que leituras devem ou podem ser feitas de um texto. Uma leitura não tem origem na intenção do leitor de interpretar o texto de uma dada maneira, mas está inscrita no texto como virtualidade. Há textos que permitem mais de uma leitura. Para explicar isso, tomemos como exemplo um trecho do poema "Alguns toureiros", de João Cabral de Melo Neto.

> Mas eu vi Manuel Rodriguez,
> *Manolete*, o mais deserto,
> o toureiro mais agudo,
> mais mineral e desperto,
>
> o de nervos de madeira,
> de punhos secos de fibra,
> o de figura de lenha,
> lenha seca da caatinga,

o que melhor calculava
o fluido aceiro da vida,
o que com mais precisão
roçava a morte em sua fímbria,

o que à tragédia deu número,
à vertigem, geometria,
decimais à emoção
e ao susto, peso e medida,

sim, eu vi Manuel Rodriguez,
Manolete, o mais asceta,
não só cultivar sua flor
mas demonstrar aos poetas:

como domar a explosão
com mão serena e contida,
sem deixar que se derrame
a flor que traz escondida,

e como, então, trabalhá-la
com mão certa, pouca e extrema:
sem perfumar sua flor,
sem poetizar seu poema.

O poeta fala, no texto, sobre alguns toureiros que conheceu. O último de que fala é Manolete. Na primeira estrofe do trecho que transcrevemos, ele recebe qualificações, de uma forma ou outra, relativas a mineral; na segunda, ganha qualificações concernentes a vegetal. Seus predicados são a secura, a contenção, a agudeza. Ele é *lenha, madeira, fibra* (vegetal seco) e não *planta*; é *deserto* (figura que lembra a secura, a contenção); é *mineral* (também evoca o que é seco e agudo). Esses predicados estão presentes no interior (*nervos*) e no exterior (*figura*) do toureiro.

Seus atos são figurativizados pelo percurso da matemática. A vida apresenta uma enorme fragilidade. Nela, a todo momento, roça-se a fímbria da morte. O poeta fala em *fluido aceiro da vida* (*aceiro* é um trecho da vegetação que se desbasta para que o fogo não salte para lugares indevidos). O ascetismo, a contenção, a secura de Manolete derivam da consciência dessa fragilidade, da certeza de que qualquer gesto menos preciso pode significar a morte. Por isso, à tragédia, à emoção, à vertigem e ao susto, que poderiam levar à ruptura com a realidade, ele contrapõe o *cálculo*, a *precisão*, o *número*, a *geometria*, os *decimais*, o *peso* e a *medida*. Os versos seguintes dizem que Manolete cultivava sua flor asceticamente, secamente.

A flor é a emoção. É preciso conter a emotividade, domar sua explosão e, depois, trabalhá-la, não permitindo que se derrame. A emoção deve ser pouca. Não se deve nunca *perfumar a flor*, deixar que uma emotividade descontrolada se espalhe.

Essas estrofes estão referindo-se ao toureiro, cujo trabalho lhe impõe condições tais que a presença da morte é uma constante e a vida existe apesar das circunstâncias adversas.

Três versos não têm lugar no plano de leitura proposto: *mas demonstrar aos poetas, sem poetizar seu poema* e *lenha seca da caatinga*. Os dois primeiros determinam a criação de outro plano interpretativo: o do ato de poetar. Todas as figuras devem ser lidas agora também nesse plano. O poeta deve ser seco, contido, agudo, domar as emoções, trabalhá-las parcamente. Sua poética deve ser contida, para que, com um gesto menos calculado, não caia ele num esparramamento sentimental.

O último dos três versos leva a um plano de leitura social. Não se trata mais do toureiro espanhol, mas do nordestino (*lenha seca da caatinga*), que, vivendo em condições extremas, roça a todo instante a fímbria da morte, devendo, pois, com precisão, calcular o fluido aceiro da vida. É seco, contido, doma suas emoções, pois qualquer gesto menos preciso pode significar a ruptura definitiva.

Esse texto admite, pelo menos, três leituras: a do tourear, a do poetar e a do viver no Nordeste brasileiro. Essas leituras relacionam-se metaforicamente, pois há uma interseção de sentido entre elas: a contenção.

Na origem da linguagem estão os tropos, a figuratividade. Quando se observa a história da língua, por exemplo, nota-se que quase todas as palavras têm sentidos oriundos de tropos. É o caso de palavras como *catarse* e *metáfora*.

Além de considerar a figuratividade condição de toda a atividade discursiva, a semiótica reconhece também a argumentatividade presente nos discursos. A argumentação opera com implicações e concessões. A lógica implicativa é a de fazer o que se pode (fez, porque é possível; não fez, porque não é possível); a concessiva é a da impossibilidade (fez, apesar de não ser possível; não fez, apesar de ser possível). A implicação fala das regularidades, a concessão rompe as expectativas e dá acesso à descontinuidade do que é marcante na vida (Zilberberg, 2006: 196-197).

Os argumentos repertoriados pela retórica são majoritariamente implicativos. Entram nesse rol, por exemplo, todos os argumentos causais: os que indicam causas mediatas e imediatas; os que evocam causas imediatas para ocultar as mediatas; os que minimizam as causas imediatas para tirar a responsabilidade do presente; os que apontam as causas finais. Na quarta parte do *Sermão do Mandato*, pregado na Capela Real em 1645, Vieira define o amor fora da lógica implicativa. Se ele tiver causa (porque), não é amor; se ele tiver finalidade (causa final: para que), não é amor:

Definindo S. Bernardo o amor fino, diz assim: *Amor non quaerit causam, nec fructum.* O amor fino não busca causa nem fruto. Se amo, porque me amam, tem o amor causa; se amo, para que me amem, tem fruto: e amor fino não há de ter porquê, nem para quê. Se amo, porque me amam, é obrigação, faço o que devo; se amo, para que me amem, é negociação, busco o que desejo. Pois como há de amar o amor para ser fino? *Amo, quia amo, amo, ut amem*: amo, porque amo, e amo para amar. Quem ama porque o amam, é agradecido, quem ama, para que o amem, é interesseiro: quem ama, não porque o amam, nem para que o amem, esse só é fino. E tal foi a fineza de Cristo, em respeito a Judas, fundada na ciência que tinha dele e dos demais discípulos.

Novas retóricas também começam a ser esboçadas, como a de Perelman e Tyteca (1970). Os autores, insatisfeitos com a aplicação da lógica formal às decisões humanas, partem do princípio de que quase todos os negócios humanos não se fundam em demonstrações lógicas, mas em raciocínios contingentes, prováveis, possíveis. Sua nova retórica é uma volta a Aristóteles, para examinar as provas dialéticas elaboradas nos *Tópicos* e utilizadas na *Retórica*, que constituem as bases de um estudo das técnicas discursivas visando a obter a adesão dos espíritos. Perelman e Tyteca buscam um modelo de argumentação não formal no direito e no recurso aos precedentes, que fornecem bases razoáveis para a tomada de decisões.

O que a linguística do discurso ou do uso faz é herdar a retórica. Isso significa que ela não a toma como uma doutrina fixa, que foi estabelecida na Antiguidade e só nos cabe aplicar. Isso é contra o ideal de ciência, que nunca estabelece a verdade e, por conseguinte, está continuamente em progresso. Ao reconhecer que existe uma retoricidade geral na linguagem, ou seja, uma dimensão argumentativa e uma dimensão tropológica em todo ato de linguagem, o que se admite é que a tradição retórica tem muito a nos ensinar. A retórica é o que perturba a gramática da língua e uma pretensa lógica da linguagem. Na oposição entre o verossímil e o verdadeiro, enfatiza-se o primeiro elemento. A verdade é efeito de sentido (aquele que foi estabelecido e, por conseguinte, tornou-se canônico, coercitivo). A objetividade é também efeito de sentido e, então, o discurso não é medido pela *adaequatio ad rem* (= adequação à coisa, à realidade), mas pela força persuasiva. Por isso, o desconstrucionismo filia-se à tradição retórica. O que constrói o discurso é o mecanismo de subversão da linguagem em toda a sua produtividade. O formalismo também tem uma filiação à retórica. Como diz Terry Eagleton,

> A retórica, ou a teoria do discurso, partilha com o formalismo, o estruturalismo e a semiótica o interesse pelos dispositivos formais da linguagem, mas como a teoria da recepção ela está também voltada para o que torna esses dispositivos eficazes em lugar de seu "consumo"; sua preocupação com o discurso como forma de poder e de desejo pode tirar lições da desconstrução e da psicanálise, e ela partilha com o humanismo liberal da convicção de que os discursos podem transformar os homens. (1994: 206)

Como se vê, essa teoria do discurso herdeira da retórica tem uma diferença muito grande em relação à retórica antiga: a ausência das noções de arte, de instrumentalidade e de intencionalidade.

A consequência para o ensino de língua do fato de os estudos linguísticos não incorporarem a retórica foi que nossa escola sempre se preocupou mais com os processos de constituição da palavra, da sentença e do período do que com os procedimentos de elaboração textual. Depois que uma linguística do discurso se constitui é que o ensino da discursivização e da textualização ganha lugar na escola.

A dimensão figurativa na retórica

A lógica trata dos raciocínios necessários, ou seja, aqueles cuja conclusão decorre obrigatoriamente das premissas enunciadas. Já a retórica se ocupa dos raciocínios cuja conclusão é provável, plausível, possível, mas não necessária. Ela versa não sobre o que é verdadeiro, mas sobre o que é preferível (aquilo que é menos pernicioso, o que é mais útil, o que é mais adequado, etc.) num dado momento para determinada comunidade. Para Michel Meyer, a unidade sobre a qual se debruça a retórica é o discurso, manifestado pelos textos, quando discute o que é provável, incerto, contestável, quando apresenta o que poderia ser diferente ou mesmo poderia não ser. Ela tem por objeto uma discursividade diferente da examinada pela lógica (Aristóteles, 1991: 38). Para o autor francês, a retórica visa a estabelecer uma "negociação da distância entre sujeitos", no sentido de que ela produz efeitos pragmáticos e passionais (por exemplo, ameaça, indignação, apaziguamento) com vistas à adesão a uma tese que se pretende comum entre o que produz o texto e aquele que o recebe. O enunciador leva em conta o questionamento do outro, para que ele possa ser persuadido. Isso põe em questão a dimensão sensível da linguagem (Aristóteles, 1991: 38).

A retórica antiga estudava cinco operações: a invenção (*inventio*), a disposição (*dispositio*), a elocução (*elocutio*), o desempenho do orador (*actio*) e a memória (*memoria*). A invenção é o ato de encontrar argumentos, e não de inventá-los. Eles são lugares comuns (*tópoi*), como, por exemplo, o argumento da quantidade: o que é mais é melhor (Barthes, 1975: 182). A disposição é a operação em que se dispõem os argumentos numa sequência. A elocução é a composição linguística do discurso, é a textualização.

Mais tarde, como já se disse acima, muitos autores começam a fazer uma distinção no que era um conjunto indissociável: de um lado, havia uma teoria da argumentação, que levava em conta as operações da invenção e da disposição, onde estariam os elementos destinados a convencer e persuadir (a *topologia*); de outro, havia uma teoria das figuras, que se ocupava da elocução (a *tropologia*, a teoria dos

26 Figuras de retórica

tropos). A palavra grega *trópos* significa "direção", "maneira", "mudança". No caso da linguagem, pensa-se em "mudança de sentido, de orientação semântica". Assim, começou-se a pensar em duas retóricas: a da argumentação e a dos tropos. Genette mostra que, ao longo da História, houve uma restrição da retórica: primeiramente, amputou-se-lhe a teoria da argumentação e da composição e ela ficou restrita à teoria da elocução; depois, a elocução reduziu-se a uma tropologia, ou seja, a uma teoria das figuras (1975: 129-146).

Segundo Cícero, no *De oratore*, quatro são as qualidade da elocução (*virtutes elocutionis*): a correção (*latinitas*), a clareza (*planum*), a ornamentação (*ornatus*) e a adequação do discurso às circunstâncias (*aptum*) (III, X). Lausberg, em *Elementos de retórica literária*, dá a essas virtudes, respectivamente, os nomes latinos de *puritas*, *perspicuitas*, *ornatus* e *aptum* (2004: 119, § 102). As três primeiras características da elocução estão a serviço da quarta. São elas que criam a adequação. Isso significa que uma qualidade como a correção não é algo intrínseco à língua, mas depende do tipo de discurso, de seu gênero, etc. Também a clareza tem um papel discursivo. Diz Vieira na quinta parte do *Sermão da Sexagésima*:

> O mais antigo pregador que houve no Mundo foi o céu. *Coeli enarrant gloriam Dei et opera manuum ejus annuntiat firmamentum* – diz David. Suposto que o céu é pregador, deve de ter sermões e deve de ter palavras. Sim, tem, diz o mesmo David; tem palavras e tem sermões; e mais, muito bem ouvidos. *Non sunt loquellae, nec sermones, quorum non audiantur voces eorum*. E quais são estes sermões e estas palavras do céu? – As palavras são as estrelas, os sermões são a composição, a ordem, a harmonia e o curso delas. Vede como diz o estilo de pregar do céu, com o estilo que Cristo ensinou na terra. Um e outro é semear; a terra semeada de trigo, o céu semeado de estrelas. O pregar há de ser como quem semeia, e não como quem ladrilha ou azuleja. Ordenado, mas como as estrelas: *Stellae manentes in ordine suo.* Todas as estrelas estão por sua ordem; mas é ordem que faz influência, não é ordem que faça lavor. Não fez Deus o céu em xadrez de estrelas, como os pregadores fazem o sermão em xadrez de palavras. Se de uma parte há de estar branco, da outra há de estar negro; se de uma parte dizem luz, da outra hão de dizer sombra; se de uma parte dizem desceu, da outra hão de dizer subiu. Basta que não havemos de ver num sermão duas palavras em paz? Todas hão de estar sempre em fronteira com o seu contrário? Aprendamos do céu o estilo da disposição, e também o das palavras. As estrelas são muito distintas e muito claras. Assim há de ser o estilo da pregação; muito distinto e muito claro. E nem por isso temais que pareça o estilo baixo; as estrelas são muito distintas e muito claras, e altíssimas. O estilo pode ser muito claro e muito alto; tão claro que o entendam os que não sabem e tão alto que tenham muito que entender os que sabem.

Não cabe nos limites deste texto discutir todas essas características da elocução. Interessa-nos a ideia de *ornatus*, que foi entendido como embelezamento da linguagem com figuras, com tropos. A figura era vista como um enfeite e, como tal, desnecessária, como um "luxo do discurso" (cf. Lausberg, 2004: 128, § 162). Com isso, esvazia-se a dimensão tropológica da retórica de sua função argumentativa.

Comecemos por entender o significado de *ornatus* em latim. O *ornatus* latino corresponde ao grego *kósmos*, que é o contrário do caos. *Ornamentum* significa "aparelho, tralha, equipamento, arreios, coleira, armadura". Só depois quer dizer "insígnia, distinção honorífica, enfeite". No *De Bello Gallico*, deve-se traduzir a passagem *naves [...] omni genere armorum ornatissimae* (III, XIV, 2) como "navios equipadíssimos de todo tipo de armas". Isso significa que o sentido inicial de *ornatus* em retórica não era "enfeite", mas "bem argumentado", "bem equipado para exercer sua função", o que quer dizer que não há uma cisão entre argumentação e figuras, pois estas exercem sempre um papel argumentativo. O *ornatus* no dizer de Vieira é a ordem das estrelas, "mas é ordem que faz influência, não é ordem que faça lavor" (= enfeite). A *Retórica a Herênio* diz que a ornamentação serve para realçar, enriquecer aquilo que se expõe (*Exornatio est, qua utimur rei honestandae et conlocupletandae causa, confirmata argumentatione* (II, 28, p. 118)). Não podemos esquecer-nos de que a palavra *argumento* é formada com a raiz *argu-*, que significa "fazer brilhar, cintilar" e que está presente nas palavras portuguesas *argênteo*, *argentário*, *argento*, *argentar*, *argentaria*, *argentífero*, todas provindas do latim *argentum*, "prata". O argumento é o que realça, o que faz brilhar uma ideia.

Bases para um estudo das figuras

A retórica que se dedicou a estudar apenas as figuras, abandonando o exame da dimensão argumentativa, considerou os tropos, que indicam uma mudança de sentido, como uma classe das *figuras*. Pierre Fontanier dizia que as figuras são "os traços, as formas, os torneios mais ou menos notáveis e com um efeito mais ou menos feliz pelos quais o discurso, na expressão das ideias, dos pensamentos e dos sentimentos, afasta-se mais ou menos do que é sua expressão simples e comum" (1968: 64). Como se vê, para ele, a figura é um desvio, que incide sobre a palavra, a frase ou o discurso. Além disso, é uma construção livre, que está no lugar de outra. Uma expressão imposta pela língua não merece o nome de figura.

A unidade básica do tropo é a palavra. Nele um sentido literal de um termo é substituído por um sentido figurado. Por isso, os tropos são chamados figuras de palavras. Fontanier distingue os tropos de uma só palavra, ou tropos propriamente ditos, e os tropos de mais de uma palavra, ou tropos não propriamente ditos (1968: 79 e 109). Paul Ricoeur, em *A metáfora viva*, propõe tratar o que era considerado uma "denominação desviante" como uma "predicação impertinente" (2000: 10). Dessa maneira, a unidade do tropo deixa de ser a palavra e passa a ser o discurso. Com efeito, Benveniste mostra que a metáfora e a metonímia são processos do discurso (1976: 93). Para ele, é preciso distinguir os níveis de análise linguística: os da língua (o do fonema, o do morfema, o do lexema) e os do discurso. O que caracteriza a frase é ser um predicado. Com ela, deixa-se "o domínio da língua como sistema de signos e se entra num outro universo, o da língua como instrumento de comunicação, cuja expressão é o discurso. [...] A frase é a unidade do discurso" (1976: 139). Assim, para Ricoeur, a relação de semelhança que fundamenta a metáfora "deve ser compreendida como uma tensão entre a identidade e a diferença na operação predicativa posta em movimento pela inovação semântica" (2000: 13). Dessa forma, a retórica é a disciplina da impropriedade do sentido. Exemplifiquemos isso. Quando se diz, no capítulo XXXVII de *Memórias póstumas de Brás Cubas*, de Machado de Assis, que "o homem é uma errata pensante", apreende-se a metáfora, quando se observa que há uma não pertinência em considerar que o homem é uma errata. Afinal, errata se usa para escritos. No entanto, essa predicação impertinente estabelece uma tensão entre identidade (correção de erros, aprimoramento) e diferença (em cada edição/ em cada estágio da vida) e, assim, ganha pertinência.

A noção de impropriedade implica inadequação predicativa e construção de propriedades semânticas que dão uma existência autônoma à inovação semântica, isto é, o impróprio está em relação com o jogo de propriedades que se estabelecem. Assim, "a impropriedade é condição de desenvolvimento das propriedades" (Bertrand, 2008: 5). Os tropos são da ordem do ajustamento semântico. Por isso, fala-se em justeza da metáfora, por exemplo. Segundo Denis Bertrand, o tropo não é a substituição de um sentido por outro, mas a intersecção entre traços semânticos produzidos pelos sentidos em questão. Por isso, é necessário apreender o tensionamento competitivo e até conflitual que lhe dá existência. Para analisá-lo, levam-se em conta:

a) as dimensões da intensidade e da extensão das grandezas linguísticas (uma unidade qualquer é mais intensa do que outra, como a sílaba tônica em relação à sílaba átona; uma unidade é mais acelerada do que outra, como uma redondilha menor em relação a um alexandrino; uma unidade é mais extensa do que outra no tempo ou no espaço);
b) o modo de coexistência dos traços semânticos (por exemplo, de compatibilidade por semelhança no caso da metáfora; de incompatibilidade contraditória ou contrária no caso do oximoro);
c) o modo de presença desses traços coexistentes (atualizada, virtual, potencial, realizada);
d) os graus de assunção enunciativa (forte ou fraco), que permitirão realizar a interpretação conveniente de um enunciado, decidindo se ele é irônico ou não, por exemplo (Bertrand, 2009: 5).

Vieira, na sexta parte do *Sermão de Santo Agostinho*, mostra que somente uma metonímia pode explicar a impertinência semântica da afirmação de que um pecado vermelho pode tornar-se branco. Mostra que muitos acham que só se pode entender essa passagem se o pecado significar o pecador. Coexistem dois valores semânticos, que se compatibilizam por contiguidade: o autor e a ação. Um sentido é realizado e o outro é atualizado. A extensão semântica é ampliada e a aceleração é reforçada, porque usar a ação no lugar do agente acelera a apresentação do conteúdo, pois se vai da virtualidade do agente à realização da ação. Vieira recusa esse valor metonímico.

No entanto, ele pretende entender esses termos também como metonímias (o efeito pela causa: o vermelho pelo fogo; a causa pelo efeito: o fogo pelo perigo; o efeito pela causa: o branco pela neve), que se tornam metáforas já quase codificadas: o vermelho como metáfora do escândalo, efeito negativo, e o branco como metáfora do exemplo, efeito positivo.

> E ninguém me diga que os pecados não podem ser exemplo, argumentando que, em qualquer modo que se considerem, sempre são pecados, porque os mesmos pecados, conservando a substância, podem mudar os acidentes, e como sacramentando-se, debaixo deles causar efeitos contrários: *Si fuerint peccata vestra ut coccinum, quasi nix dealbabuntur* (Is. 1, 18), diz Deus pelo profeta Isaías: se os vossos pecados forem vermelhos como a grã, fazei o que vos eu mando, e serão brancos como a neve. Este texto tem dado grande trabalho aos expositores, e todos concordam em que falou aqui o profeta pela figura que os retóricos chamam metonímia, tomando a qualidade pela pessoa e o pecado pelo pecador, porque o pecador pode deixar de ser pecador, e ser justo, e o pecado nunca pode deixar de ser pecado. Mas deverão advertir que o profeta não fala da substância do pecado, senão dos acidentes, quais são as cores. Não diz que os pecados hão de deixar de ser pecados, senão que hão de mudar a cor, e que sendo, ou tendo sido vermelhos como a grã, serão brancos como a neve: *Si fuerint peccata vestra ut coccinum, quasi nix dealbabuntur.* E mudando os mesmos pecados a cor, e vestindo-se de outros acidentes, bem podem ter debaixo deles contrários efeitos, e necessariamente os hão de causar quando forem vistos. Tais foram os pecados de Agostinho. Enquanto cometidos tinham uma cor, e enquanto confessados tiveram outra, e por isso, enquanto cometidos, como ele mesmo disse, causavam escândalo, e enquanto confessados, causam exemplo. Fez Agostinho exemplo dos seus pecados publicando-os, sendo que o efeito natural dos pecados públicos é causar escândalo; mas assim como o hipócrita escandaliza o mundo com a ostentação de virtudes, assim Agostinho edificou a Igreja com a publicação de pecados.

A retórica tratava da linguagem verbal. Se a semiótica, que se quer uma teoria geral da significação, pretende voltar à retórica, para herdá-la, é preciso tratar da linguagem em geral. E a primeira linguagem que chama a atenção é a visual. As linguagens não são diversas no nível da discursivização (onde operam procedimentos de tematização e figurativização e de projeção da enunciação no enunciado), mas o são no nível da textualização, que é a manifestação do discurso.

A textualização da linguagem verbal vale-se dos procedimentos de linearização e elastização. A linearidade espacial ou temporal do significante é uma característica de diferentes sistemas semióticos e isso impõe coerções específicas à textualização.

Há, por outro lado, semióticas que não são lineares, mas simultâneas (é o caso das semióticas planares, como a fotografia, a pintura, etc., que manifestam o significado em duas dimensões). Assim, há textos lineares e não lineares. A linearização "consiste em organizar em contiguidades temporais ou espaciais (segundo a natureza do significante) as organizações hierárquicas, os segmentos substituíveis, as estruturas concomitantes, etc." (Greimas e Courtés, 1979: 211). As semióticas planares talvez textualizem com o que se poderia chamar a simultaneização, em que se opera com procedimentos como a perspectivação ou o achatamento.

Outro procedimento de textualização diz respeito à elasticidade textual, que é a propriedade que permite reconhecer como semanticamente equivalentes unidades discursivas de dimensão diferente. O texto pode, assim, fazer condensações ou expansões, como, no caso, por exemplo, de denominações e definições: *orvalho* é igual a "condensação do vapor da água da atmosfera que se deposita em gotículas sobre superfícies horizontais resfriadas, pela manhã e à noite". A paráfrase, que é "uma operação metalinguística que consiste em produzir [...] uma unidade discursiva que seja equivalente a uma anterior" (Greimas e Courtés, 1979: 268), só é possível em virtude do princípio da elasticidade.

Os tropos e as figuras, isto é, as figuras em que há alteração de sentido e aquelas em que não há, são operações enunciativas para intensificar e consequentemente também para atenuar o sentido. O enunciador, visando a avivar (ou abrandar) o sentido, realiza quatro operações possíveis, já analisadas pelos retores antigos, como já se mostrou: a adjunção ou repetição com o consequente aumento do enunciado; a supressão com a natural diminuição do enunciado; a transposição de elementos, ou seja, a troca de seu lugar no enunciado; e a mudança ou troca de elementos. Os tropos seriam uma operação de troca de sentido. No entanto, pelo que se disse acima a respeito de que os tropos são uma não pertinência semântica, que cria uma nova pertinência, não se pode considerá-los, pura e simplesmente, uma troca semântica. Na verdade, os tropos realizam um movimento de concentração semântica, que é característica da metáfora, ou um de expansão semântica, que é a propriedade da metonímia.

Os tropos podem ser lexicais ou gramaticais. Nos primeiros, há uma alteração de sentido lexical; nos segundos, uma mudança no sentido gramatical.

Como a metáfora e a metonímia foram consideradas por Jakobson os dois processos semânticos básicos, começaremos nossa exposição dos tropos e das figuras por eles.

Classificação das figuras

1. Tropos:
   1.1. Tropos lexicais:
      1.1.1. Tropos por concentração semântica: metáfora, prosopopeia, apóstrofe, oximoro, sinestesia, hipálage;
      1.1.2. Tropos por expansão semântica: metonímia, sinédoque, antonomásia, ironia (antífrase), lítotes, hipérbole, eufemismo, perífrase, adínaton, preterição, reticência ou aposiopese.
   1.2. Tropos gramaticais:
      1.2.1. Tropos por condensação semântica: silepse;
      1.2.2. Tropos por difusão semântica: enálage, metalepse, hendíade.

2. Figuras não trópicas:
   2.1. Figuras de aumento:
      2.1.1. Figuras de repetição:
         – de sons ou de morfemas: aliteração, assonância, parequema, homeoteleuto (rima), homeoptoto;
         – de palavras ou de sintagmas dentro da mesma oração ou verso: epizeuxe (reduplicação), diácope, epanalepse;
         – de uma palavra ou sintagma em outra oração ou verso:
         no início: anáfora;
         no meio: mesodiploses;
         no fim: epístrofe (epífora);
         no início de uma oração ou verso e no final do seguinte: epanadiplose;
         no final de uma oração ou verso e no começo do seguinte: anadiplose;
         no meio de uma oração ou verso e no início ou fim do seguinte: ploce;
         aleatoriamente: epímone;
         de conjunção: polissíndeto.

- de mais de uma palavra ou sintagma em orações e versos distintos:

no início e no fim de uma oração ou verso e na mesma ordem em outra oração ou verso: símploce;

no início e no fim de uma oração ou verso e em sentido inverso na oração ou verso seguinte: antimetábole, quiasmo;

no fim de cada oração ou verso e no início de cada oração ou verso em cadeia: concatenação;

duas palavras ou sintagmas contíguos numa oração, repetido o primeiro na oração seguinte e o segundo na outra: epânodo.

- de orações ou versos:

em sequência: palilogia;

com intercalação: ritornelo (refrão, estribilho);

com inversão na ordem das palavras: epanástrofe.

- de conteúdos:

com o mesmo sentido ou sentido equivalente: sinonímia, paráfrase, pleonasmo;

com sentido diverso: antanáclase (diáfora), paronomásia, paradiástole;

com variação gramatical: poliptoto.

- de estruturas: paralelismo, isócolo.

2.1.2. Figuras de acumulação: conglobação (enumeração ou epimerismo), gradação (clímax e anticlímax), concatenação (epíploce), sorites, metábole, antítese, hipotipose;

2.1.3. Figuras de acréscimo: prótese, epêntese, suarabácti (anaptixe), paragoge (epítese).

2.2. Figuras de diminuição: assíndeto, elipse, zeugma, anacoluto, aférese, síncope, haplologia, apócope, sinalefa (elisão), crase.

2.3. Figuras de transposição: anástrofe, hipérbato, sínquise, histerologia (hýsteron próteron), parêntese, suspensão, metátese, hiperbibasmo.

2.4. Figuras de troca: retificação (correção ou epanortose), retroação, exclamação, interrogação, assimilação, dissimilação, ensurdecimento, nasalização, desnasalação, vocalização, rotacismo, lambdacismo, monotongação.

Metáfora

Tomemos um exemplo de uma metáfora banal. No capítulo III de *A intrusa*, de Júlia Lopes de Almeida, a personagem Argemiro faz o seguinte comentário sobre o sogro:

> – Não é homem que discuta fatos consumados. Depois, está velho e é amigo do repouso... Fez-se botânico, para entreter os ócios da chácara. Teve uma mocidade tempestuosa; a mulher não foi feliz; agora então, para compensá-la, dá-lhe toda a soberania e é um cordeiro. O bom velho fez esquecido o mau rapaz...

O que nos interessa é a afirmação de que agora ele é um cordeiro. Trata-se como se percebe de uma predicação não pertinente. Afinal, um homem não é um cordeiro. Qual é o mecanismo para estabelecer a propriedade semântica dessa frase? O termo *cordeiro* possui, entre outros, os seguintes traços semânticos: mamífero, ovino, lanoso, macho, não adulto; a expressão *meu sogro* tem, entre outros, os traços semânticos: mamífero, humano, macho, adulto. Os dois termos apresentam uma intersecção sêmica, traços comuns a ambos: pacífico, cordato.

A metáfora é uma concentração semântica. No eixo da extensão, ela despreza uma série de traços e leva em contra apenas alguns traços comuns a dois significados que coexistem. Com isso, dá concretude a uma ideia abstrata (no caso, a de mansidão do sogro), aumentando a intensidade do sentido. Poder-se-ia dizer que o sentido torna-se mais tônico. Ao dar ao sentido tonicidade, a metáfora tem um valor argumentativo muito forte. O que estabelece uma compatibilidade entre os dois sentidos é uma similaridade, ou seja, a existência de traços comuns a ambos. A metáfora é, pois, o tropo em que se estabelece uma compatibilidade predicativa por similaridade, restringindo a extensão sêmica dos elementos coexistentes e aumentando sua tonicidade.

A metáfora não é um tropo apenas da linguagem verbal. Ela aparece em outras linguagens, como, por exemplo, a visual. No logotipo da Good Year, fábrica de pneus, aparece um pé dotado de asas para metaforizar a velocidade do produto fabricado. O 22º Anuário de Criação traz uma publicidade da Parati GTI. O texto diz "Nova Parati GTI. Agora com motor de 16 válvulas". Mostra-se uma imagem de uma Parati num estacionamento, cercada por tartarugas "estacionadas" nas outras vagas. A similaridade que faz coexistirem os significados de tartarugas e outros carros, que não a nova Parati, é a lentidão. O artista de rua italiano Blu realizou em Berlim uma pintura em que um bloco de gelo transformando-se em água na parte superior de uma ampulheta e uma cidade sendo submergida na parte inferior metaforizam a destruição da civilização, com o tempo, pelo aquecimento global; é a destruição da cultura pela natureza. O derretimento da pedra de gelo na parte superior da ampulheta é idêntico à liquefação das geleiras; a submersão de uma cidade na parte inferior é análoga às inundações das cidades costeiras provocadas pelo aumento do nível dos oceanos.

As metáforas podem ter a dimensão de uma palavra, de uma frase ou de um texto. José Eduardo Agualusa, na parte 15 do terceiro capítulo de seu livro *Barroco tropical*, tem uma frase que ele próprio analisa como metáfora:

> Vi cair o belo palácio de Dona Ana Joaquina, a golpes de camartelo, para ser substituído por uma réplica em mau betão, e achei que era uma metáfora dos novos tempos – o velho sistema colonial e escravista ser substituído por uma réplica ridícula em nefasto calão dos musseques.

Chamamos alegoria um texto que constitui em sua integralidade uma metáfora. São exemplos as fábulas, os apólogos, as parábolas, etc.

O asno e a carga de sal

Um asno carregado de sal atravessava um rio. Um passo em falso e ei-lo dentro da água. O sal então derreteu e o asno se levantou mais leve. Ficou todo feliz. Um pouco depois, estando carregado de esponja às margens do mesmo rio, pensou que se caísse de novo ficaria mais leve e caiu de propósito nas águas. O que aconteceu? As esponjas ficaram encharcadas e, impossibilitado de se erguer, o asno morreu afogado. Algumas pessoas são vítimas de suas próprias artimanhas.

(Esopo, *Fábulas*. Porto Alegre: L&PM Pocket, 1997, p. 139-140)

A moral da fábula é uma leitura da metáfora narrada pelo texto figurativo: o asno é o símile do homem vitimado por sua tentativa de ser esperto e levar vantagem em tudo.

36 Figuras de retórica

A catacrese é uma metáfora lexicalizada. Ela já pertence ao léxico da língua e, então, no sentido próprio deixa de ser um tropo, pois só é tropo uma construção livre. No entanto, mesmo com essas metáforas cristalizadas, um poeta como José Paulo Paes constrói, no livro *É isso ali*, um poema metaforizando as razões da língua:

Inutilidades

Ninguém coça as costas da cadeira.
Ninguém chupa a manga da camisa.
O piano jamais abana a cauda.
Tem asa, porém não voa, a xícara.

De que serve o pé da mesa se não anda?
E a boca da calça se não fala nunca?
Nem sempre o botão está em sua casa.
O dente de alho não morde coisa alguma.

Ah! se trotassem os cavalos do motor...
Ah! se fosse de circo o macaco do carro...
Então a menina dos olhos comeria
Até bolo esportivo e bala de revólver.

Metonímia, sinédoque e antonomásia

Castro Alves traduz assim uma estrofe de um poema de Victor Hugo, intitulado "A Olímpio":

A nuvem carregada, espanto do marujo,
Que a vela mal abriga,
Para o trabalhador, que vê crestado o campo,
É o saco da espiga.

Temos uma afirmação não pertinente nessa estrofe "a nuvem carregada, espanto do marujo, é o saco da espiga para o trabalhador". Qual é o mecanismo para estabelecer a propriedade semântica dessa frase? O termo "nuvem carregada" é a causa da "chuva"; o "saco da espiga" é o efeito da "boa colheita". A compatibilidade sêmica se dá, quando percebemos o significado da frase: a chuva propicia boa colheita para o trabalhador. Os traços do efeito (a chuva) transitam para sua causa (nuvem carregada) e os da causa (colheita) transferem-se para seu efeito (saco da espiga).

A metonímia é uma difusão semântica. No eixo da extensão, um valor semântico transfere-se a outro, num espalhamento sêmico. Com isso, no eixo da intensidade, ela dá uma velocidade maior ao sentido, acelerando-o, pois, ao enunciar, por exemplo, um efeito, já se enuncia também a causa, suprimindo etapas enunciativas. Ao dar ao sentido aceleração, a metonímia tem um valor argumentativo muito forte. O que estabelece uma compatibilidade entre os dois sentidos é uma contiguidade, ou seja, uma proximidade, uma vizinhança, um contato. Assim, são metonímicas as compatibilidades de causa e efeito ("Ganhar a vida com o suor de seu rosto"), instrumento e autor ("Ele é um bom garfo"), continente e conteúdo ("Bebeu só um copo"), lugar e objeto que o caracteriza ("Tomou um cálice de Porto"), símbolo e aquilo que ele simboliza ("Ele é a âncora da família"), coisa e ser que ela caracteriza ("Esta festa está cheia de cuecas"), autor e obra ("Leu os pré-socráticos"), marca e

38 Figuras de retórica

produto ("Comprou um pacote de gilete"), abstrato e concreto ("É preciso respeitar a velhice"; "Ele ficou com os louros"), etc. Metonímia, em grego, significa "além do nome, o que sucede o nome". A metonímia é, pois, o tropo em que se estabelece uma compatibilidade predicativa por contiguidade, aumentando a extensão sêmica com a transferência de valores semânticos de um para outro dos elementos coexistentes e aumentando sua aceleração com a supressão de etapas de sentido.

A sinédoque é um tipo de metonímia, em que a relação de contiguidade é do tipo *pars pro toto* (parte pelo todo), o que significa que a transferência sêmica se faz entre dois sentidos que constituem um todo. Sinédoque, em grego, quer dizer "compreensão simultânea", ou seja, o que apresenta traços que coocorrem necessariamente num significado. Nela, há uma inclusão, um englobamento. Assim, podemos dizer que são sinédoques a coexistência de parte e todo ("As velas enchiam a baía"); matéria e objeto ("Na batalha, ouvia-se o ruído do ferro"); singular e plural ("O brasileiro é, em geral, simpático"); gênero e espécie ("Os mortais têm sempre uma angústia existencial"; "Em casa onde falta pão, todos falam e ninguém tem razão"), etc.

Uma espécie de sinédoque é a antonomásia, em que se transfere o valor semântico de um nome próprio para um nome comum que contém uma característica que marca o nome próprio (o Estagirita para designar Aristóteles; o Apóstolo dos Gentios para denominar São Paulo; o Mestre do Suspense para Alfred Hitchcock) ou se designa, num processo de transferência semântica, com um nome próprio, a totalidade dos indivíduos que têm uma dada característica ("Era um Casanova" = um conquistador).

Pensa-se que a metonímia tem apenas a dimensão de uma palavra ou quando muito de um sintagma. Por exemplo: "Manda equipar batéis, que ir ver queria/ *Os lenhos* em que o Gama navegava" (*Os Lusíadas*, VII, 73). Lenho é a madeira de que são feitos os barcos e, por isso, no texto, tem esse significado. No entanto, com metonímias podem-se construir textos, que constituem uma totalidade metonímica. No texto abaixo, fragmento do capítulo VI de *O Ateneu*, de Raul Pompeia, fala-se do tipo de eloquência que se praticava no Grêmio da escola, e aqui *Cícero* significa "orador":

> A eloquência representava-se no Grêmio por uma porção de categorias. Cícero tragédia – voz cavernosa, gestos de punhal, que parece clamar de dentro do túmulo, que arrepia os cabelos ao auditório, franzindo com fereza o sobrolho, que, se a retórica fosse suscetível de assinatura, acrescentaria ao fim de cada discurso pesadamente: *a mão do finado*; Cícero modéstia – formulando excelentes coisas, atrapalhadamente, no embaraço de um perpétuo *début*, desculpando-se muito em todos os exórdios e

ainda mais em todas as confirmações, lágrimas na voz, dificuldade no modo, seleto e engasgado; Cícero circunspecção – enunciando-se por frases cortadas como quem encarreira tijolos, homem da regra e da legalidade, calcando os *que* e os *cujo*, longo, demorado, caprichoso em mostrar-se mais raso do que o muito que realmente é, amigo dos períodos quadrados e vazios como caixões, atenuando mais em cada conceito a atenuante do conceito anterior, conservador e ultramontano, porque as coisas estabelecidas dispensam de pensar, apologista ferrenho de Quintiliano, retardando com intervalos o discurso impossível para provar que divide bem a sua elocução, com todos os requisitos da oratória, pureza, clareza, correção, precisão, menos uma coisa – a ideia; Cícero tempestade – verborrágico, por paus e por pedras, precipitando-se pela fluência como escadas abaixo, acumulando avalanches como uma liquidação boreal do inverno, anulando o efeito de assombroso destampatório pelo assombro do destampatório seguinte, eloquência suada, ofegante, desgrenhada, ensurdecedora, pontuada a murros como uma cena de pugilato; Cícero franqueza – positivo, indispensável para o encerramento das discussões, dizendo a coisa em duas palavras, em geral grosseiro e malfalante, pronto para oferecer ao adversário o encontro em qualquer terreno, espécie perigosa nas assembleias; Cícero sacer- dócio – sacerdotal, solene, orando em trêmulo, alçando a testa como uma mitra, pedindo uma catedral para cada proposição, calçando aos pés dois púlpitos em vez de sapatos, espécie venerada e acatada.
Nearco introduziu o tipo ausente do Cícero penetração – incisivo, fanhoso e implicante, gesticulando com a mãozinha à altura da cara e o indicador em cro- que, marcando precisamente no ar, no soalho, na palma da outra mão o lugar de cada coisa que diz, mesmo que se não perceba, pasmando de não ser entendido, impacientando-se até ao desejo de vazar os olhos ao público com as pontas da sua clareza, ou derreando-se em frouxos de compaixão pela desgraça de nos não compreendermos, porcos e pérolas.

Finalmente, cabe lembrar que a metonímia não é um tropo apenas da linguagem verbal; vai aparecer também em outras linguagens, como a visual, por exemplo. As indicações de lugares em placas são, em geral, metonímicas: os talheres significam "restaurante", uma taça quer dizer "bar", uma ducha tem o sentido de "lugar onde se pode tomar banho". Em *La Belle Saison*, de René Magritte, as árvores são uma folha, o que quer dizer que a parte significa o todo. Em francês chama-se "bela estação" o fim da primavera, o verão e o início do outono, em que as árvores caducas estão cobertas de folhas. Como se observa, a sinédoque não denota somente as árvores, mas a chamada *belle saison*.

Metáfora e metonímia: dois processos de construção do discurso

No dia 14 de dezembro de 1968, o *Jornal do Brasil* trazia, na primeira página, a notícia mais importante do dia: na véspera, fora baixado o Ato Institucional nº 5, que exacerbava a ditadura em que o país vivia desde 1964. A manchete, no alto da página, era a seguinte: "Governo baixa Ato Institucional e coloca Congresso em recesso por tempo ilimitado". Na coluna mais à esquerda, aparecia o texto do Ato expedido pelo Presidente Arthur da Costa e Silva. Sobre ele, havia um círculo branco e, dentro, um retângulo cercado por linhas negras com o seguinte texto:

> Tempo negro. Temperatura sufocante. O ar está irrespirável. O país está sendo varrido por fortes ventos. Máx.: 38º, em Brasília. Mín.: 5º, nas Laranjeiras.

Observe-se que, no contexto discursivo, o texto sobre o clima é uma metáfora do ambiente político que reinava no Brasil. Há uma analogia sêmica entre os elementos que servem para a descrição do clima (tempo negro, temperatura sufocante, ar irrespirável, ventos fortes, etc.) e do ambiente político. Isso mostra que a metáfora e a metonímia são processos de construção discursiva.

Como explica Jakobson, todos os processos simbólicos humanos, sejam eles sociais ou individuais, organizam-se metafórica e metonimicamente (1963: 65-66). Vejam-se, por exemplo, os processos miraculosos ou mágicos de cura ou de malfeitos. Na Bíblia, relata-se muitas vezes que Cristo cura tocando alguém, um cego, por exemplo. É um processo de contágio ou de contiguidade. Por isso, poderia ser chamado metonímico. Certos povos africanos têm um procedimento de magia chamado imitativo. Por exemplo, enfiam-se agulhas num órgão de um boneco que faz as vezes de uma dada pessoa. Acredita-se que a parte do organismo representada será atingida. Trata-se de um procedimento metafórico, porque trabalha com a semelhança entre o boneco e a pessoa e o órgão do boneco e o da pessoa.

Agatha Christie criou dois detetives que têm grande importância em sua obra porque aparecem como figuras-chave em vários romances: Poirot e Miss Marple. O processo de descoberta dos dois é completamente diverso. O de Poirot é metonímico: a partir de um dado indício (parte), ele reconstrói o crime, por meio de uma série de implicações. O de Miss Marple é metafórico: ela percebe analogias entre o crime que está investigando e outro já ocorrido. Termina todas as vezes afirmando que o mal é sempre igual. Poderíamos tirar conclusões sobre os estereótipos sociais a respeito dos papéis tradicionais da mulher e do homem, quando vemos, na obra da escritora inglesa, que este raciocina por implicações e aquela, por analogia.

Não devemos pensar que a metáfora e a metonímia aparecem apenas nos gêneros poéticos. Ao contrário, os gêneros da vida cotidiana estão repletos de conotações: *ele é difícil de engolir, ferver de raiva, estamos num beco sem saída, ter o rei na barriga, trânsito engarrafado.* Não prestamos mais atenção ao valor conotado dessas expressões. Quando se observa a história da língua, por exemplo, nota-se que quase todas as palavras têm sentidos oriundos de conotações. *Candidato* vem do latim *candidus*, que quer dizer "branco brilhante". *Candidato* passou a significar "postulante a um cargo, emprego, honraria, etc." porque, em Roma, os aspirantes aos cargos eletivos vestiam toga branca. Não percebemos mais as palavras e expressões conotadas em nossa língua, mas somos muito sensíveis à conotação, quando aprendemos outra língua. Um estrangeiro que não esteja acostumado às expressões conotadas e cristalizadas num determinado idioma faz rir ao substituir um de seus componentes por um sinônimo: *descascar o ananás* em lugar de *descascar o abacaxi*; *mercado preto* por *mercado negro*; *tapete rolante* em vez de *esteira rolante*. Cada língua conota diferentemente e, por isso, a maneira de ver o mundo varia de uma para outra.

Jakobson nota que "toda metonímia é ligeiramente metafórica e toda metáfora tem um matiz metonímico" (1969: 149). Isso quer dizer que a uma metáfora subjaz uma predicação metonímica e sob uma metonímia há uma relação metafórica.

No conto "A aia", de Eça de Queirós, quando se fala dos temores da rainha viúva de que seu reino fosse invadido, aparece a frase: "Uma roca não governa como uma espada", que tem o valor semântico de "Uma mulher não governa como um homem". Trata-se de uma metonímia, porque *roca*, por ser um instrumento considerado típico do trabalho feminino, significa "mulher", enquanto *espada*, por referir-se a uma atividade tida como masculina, quer dizer "homem". Há uma transferência de valor semântico do instrumento para o autor. No entanto, há uma concentração sêmica num traço comum aos dois termos coexistentes: roca e mulher e espada e homem. Esse traço é masculino e feminino respectivamente. Esse é o elemento metafórico da metonímia.

Em "Sem açúcar", de Chico Buarque, aparecem as seguintes metáforas: "Sua boca é um cadeado/ E meu corpo é uma fogueira". Elas indicam o silêncio do homem e a paixão da mulher. Trata-se de metáforas, porque há um traço comum entre o cadeado e o silêncio, que é o fechamento, e entre a fogueira e a paixão, que é o ardor, a exaltação. No entanto, o cadeado é o instrumento da ação de fechar, o que significa que há uma transferência sêmica, que tem um valor metonímico; a fogueira é a causa do ardor, que é seu efeito, o que indica também a presença de um matiz metonímico na metáfora.

A revista *The economist* de 12 de novembro de 2009 fez uma longa reportagem sobre o Brasil. Na capa, o Cristo Redentor é apresentado como um foguete que está levantando voo do morro do Corcovado. Trata-se de uma metáfora, porque entre o foguete e o Brasil há um traço sêmico comum: a decolagem, a ascensão. No entanto, essa metáfora está fundada numa metonímia: o Cristo Redentor é o foguete que significa o Brasil. O objeto que caracteriza um lugar denota esse lugar.

Da progressão metafórica e metonímica dos textos

Uma das qualidades do texto é a progressão. Constitui um defeito a repetição das mesmas ideias. Jakobson sugere que os tópicos de um texto podem encadear-se metafórica e metonimicamente (1963: 61). Vejamos como isso se dá. Para tanto tomemos o primeiro capítulo do romance *O gaúcho*, de José de Alencar, em que se faz uma descrição do pampa:

> Como são melancólicas e solenes, ao pino do sol, as vastas campinas que cingem as margens do Uruguai e seus afluentes!
>
> A savana se desfralda a perder de vista, ondulando pelas sangas e coxilhas que figuram as flutuações das vagas nesse verde oceano. Mais profunda parece aqui a solidão, e mais pavorosa, do que na imensidade dos mares.
>
> É o mesmo ermo, porém selado pela imobilidade, e como que estupefato ante a majestade do firmamento.
>
> Raro corta o espaço, cheio de luz, um pássaro erradio, demandando a sombra, longe na restinga de mato que borda as orlas de algum arroio. A trecho passa o poldro bravio, desgarrado do magote; ei-lo que se vai retouçando alegremente babujar a grama do próximo banhado.
>
> No seio das ondas o nauta sente-se isolado; é o átomo envolto numa dobra do infinito. A âmbula imensa tem só duas faces convexas, o mar e o céu. Mas em ambas a cena é vivaz e palpitante. As ondas se agitam em constante flutuação; têm uma voz, murmuram. No firmamento as nuvens cambiam a cada instante ao sopro do vento; há nelas uma fisionomia, um gesto.
>
> A tela oceânica, sempre majestosa e esplêndida, ressumbra possante vitalidade. O mesmo pego, insondável abismo, exubera de força criadora; miríades de animais o povoam, que surgem à flor d'água.
>
> O pampa ao contrário é o pasmo, o torpor da natureza.
>
> O viandante perdido na imensa planície fica mais que isolado, fica opresso. Em torno dele faz-se o vácuo: súbita paralisia invade o espaço, que pesa sobre o homem como lívida mortalha.
>
> Lavor de jaspe, embutido na lâmina azul do céu, é a nuvem. O chão semelha a vasta lápida musgosa de extenso pavimento. Por toda a parte a imutabilidade. Nem um bafo para que essa natureza palpite; nem um rumor que simule o balbuciar do deserto. Pasmosa inanição da vida no seio de um alúvio de luz!

O pampa é a pátria do tufão. Aí, nas estepes nuas, impera o rei dos ventos. Para a fúria dos elementos inventou o Criador as rijezas cadavéricas da natureza. Diante da vaga impetuosa colocou o rochedo; como leito de furacão estendeu pela terra as infindas savanas da América e os ardentes areais da África.

Arroja-se o furacão pelas vastas planícies; espoja-se nelas como o potro indômito; convole a terra e o céu em espesso turbilhão. Afinal a natureza entra em repouso; serena a tempestade; queda-se o deserto, como dantes plácido e inalterável.

É a mesma face impassível; não há ali sorriso, nem ruga. Passou a borrasca, mas não ficaram vestígios. A savana permanece como foi ontem, como há de ser amanhã, até o dia em que o verme homem corroer essa crosta secular do deserto.

Ao pôr do sol perde o pampa os toques ardentes da luz meridional. As grandes sombras, que não interceptam montes nem selvas, desdobram-se lentamente pelo campo fora. É então que assenta perfeitamente na imensa planície o nome castelhano. A savana figura realmente em vasto lençol desfraldado por sobre a terra, e velando a virgem natureza americana.

Essa fisionomia crepuscular do deserto é suave nos primeiros momentos; mas logo após ressumbra tão funda tristeza que estringe a alma. Parece que o vasto e imenso orbe cerra-se e vai minguando a ponto de espremer o coração.

Cada região da terra tem uma alma sua, raio criador que lhe imprime o cunho da originalidade. A natureza infiltra em todos os seres que ela gera e nutre aquela seiva própria; e forma assim uma família na grande sociedade universal.

Quantos seres habitam as estepes americanas, sejam homem, animal ou planta, inspiram nelas uma alma pampa. Tem grandes virtudes essa alma. A coragem, a sobriedade, a rapidez são indígenas da savana.

No seio dessa profunda solidão, onde não há guarida para defesa, nem sombra para abrigo, é preciso afrontar o deserto com intrepidez, sofrer as privações com paciência, e suprimir as distâncias pela velocidade.

Até a árvore solitária que se ergue no meio dos pampas é tipo dessas virtudes. Seu aspecto tem o que quer que seja de arrojado e destemido; naquele tronco derreado, naqueles galhos convulsos, na folhagem desgrenhada, há uma atitude atlética. Logo se conhece que a árvore já lutou à sua nutrição. A árvore é sóbria e feita às inclemências do sol abrasador. Veio de longe a semente; trouxe-a o tufão nas asas e atirou-a ali, onde medrou. É uma planta emigrante.

Como a árvore, são a ema, o touro, o corcel, todos os filhos bravios da savana.

Nenhum ente, porém, inspira mais energicamente a alma pampa do que o homem, o gaúcho. De cada ser que povoa o deserto, toma ele o melhor; tem a velocidade da ema ou da corça; os brios do corcel e a veemência do touro.

O coração, fê-lo a natureza franco e descortinado como a vasta coxilha; a paixão que o agita lembra os ímpetos do furacão; o mesmo bramido, a mesma pujança. A esse turbilhão do sentimento era indispensável uma amplitude de coração, imensa como a savana.

Tal é o pampa.

Depois de afirmar que as campinas das margens do rio Uruguai e seus afluentes são melancólicas e solenes, o segundo parágrafo constrói-se comparando as ondulações do terreno da savana com as ondas do oceano. No entanto, logo uma diferença é estabelecida: a solidão é mais profunda e pavorosa no pampa do que na imensidão dos mares. Nos parágrafos seguintes expande-se essa ideia de solidão maior: num, há uma imobilidade total; noutro, flutuações e contrastes; num, há o torpor; noutro, há a vitalidade. No pampa, há a opressão, há imutabilidade, há silêncio, há inanição de vida. O pampa é a pátria do tufão, assim como o mar é o lugar da vaga impetuosa.

Da mesma forma como o rochedo serve para quebrar a vaga impetuosa, as vastas planícies permitem que o furacão se espoje como um potro indômito. Os seres que povoam uma região têm suas características, têm semelhança com ela. É o que acontece com as plantas, os animais e, principalmente, o homem que habitam essa terra.

Nota-se que todo o texto é construído estabelecendo-se comparações, mostrando-se semelhanças e diferenças, o que significa que a progressão é feita metaforicamente (princípio da similaridade e, por conseguinte, da dessemelhança): compara-se o pampa e o mar, revelando-se identidades e contrastes; sucessivamente, vão-se expondo as semelhanças entre árvores, animais e homens e a paisagem do pampa. Jakobson nota que o romantismo dá relevo ao procedimento metafórico de construção do texto, enquanto o realismo prefere o processo metonímico de organização.

No capítulo XI de *O mulato*, de Aluísio Azevedo, aparece a seguinte descrição de uma mesa de jantar, repleta de pratos. Observe-se que não é o princípio da semelhança que preside à organização textual, mas o da contiguidade, fundamento da metonímia. Vão-se descrevendo os objetos e os pratos um depois do outro, segundo a proximidade que um mantém com o outro:

> Entretanto, Josefa trazia já as iguarias e os homens dispunham-se a comer com apetite. À luz de um antigo candeeiro de querosene, reverberava uma toalha de linho claro, onde a louça reluzia escaldada de fresco; as garrafas brancas, cheias de vinho de caju, espalhavam em torno de si reflexos de ouro; uma torta de camarões estalava sua crosta de ovos; um frangão assado tinha a imobilidade resignada de um paciente; uma cuia de farinha-seca simetrizava com outra de farinha-d'água; no centro, o travessão do arroz, solto, alvo, erguia-se em pirâmide, enchendo o ar com o seu vapor cheiroso.

Metáfora e metonímia são procedimentos discursivos muito amplos, que não se circunscrevem às definições escolares acanhadas que aprendemos.

Planos de leitura metafóricos e metonímicos dos textos

O que determina um plano de leitura de um texto é um conjunto de recorrências semânticas que se distribuem ao longo do tecido linguístico. Assim, uma fábula, como "A raposa e as uvas", é compreendida como uma história de gente e não uma história de bicho, por causa do traço /humano/ repetido no fio do texto: a raposa fala, desdenha, etc. Essa reiteração de um traço semântico que constitui um plano de leitura é chamada isotopia. Há muitos textos que são pluri-isotópicos, isto é, que admitem várias leituras. Essas diferentes interpretações estão inscritas no texto como possibilidades. Nelas, os mesmos elementos têm mais de uma interpretação, segundo o plano de leitura em que forem analisados. Esses diferentes planos de sentido podem relacionar-se metafórica ou metonimicamente.

Basicamente, são dois os procedimentos para estabelecer mais de uma isotopia e, portanto, mais de um plano de leitura de um texto: a) elementos que não se encaixam no plano de leitura proposto; b) elementos que têm mais de um significado no texto.

Tomemos um poema intitulado "O canavial e o mar", de João Cabral, que faz parte do volume *A educação pela pedra*:

> O que o mar sim ensina ao canavial:
> o avançar em linha rasteira da onda;
> o espraiar-se minucioso, de líquido,
> alagando cova a cova onde se alonga.
> O que o canavial sim ensina ao mar:
> a elocução horizontal do seu verso;
> a geórgica de cordel, ininterrupta,
> narrada em voz e silêncio paralelos.

2

O que o mar não ensina ao canavial:
a veemência passional da preamar;
a mão de pilão das ondas na areia
moída e miúda, pilada do que pilar.
O que o canavial não ensina ao mar:
o desmedido do derramar-se da cana;
o comedimento do latifúndio do mar,
que menos lastradamente se derrama.

Na primeira estrofe, temos afirmações: o que o mar ensina ao canavial e o que o canavial ensina ao mar; na segunda, negações: o que o mar não ensina ao canavial e o que o canavial não ensina ao mar. Uma primeira leitura seria aquela relativa ao espaço físico do canavial e do mar: o canavial é um mar. Ambos têm semelhanças: o avançar em linha rasteira, espraiando-se e preenchendo as covas onde se alongam; a horizontalidade ininterrupta feita de sons e de silêncios. No entanto, há também diferenças entre esses dois elementos: o mar tem uma passionalidade veemente que se abate sobre a areia, enquanto o canavial apresenta uma expansão desmesurada. O mar, embora seja enorme (= latifúndio), tem o comedimento da natureza, enquanto o canavial, produto da cultura humana, não tem limites para seu espalhar-se. O mar é mais intenso que o canavial, porém tem sua extensão limitada, pois ela não se derrama fora de seus limites. Nesse plano de leitura, sobram sem explicação os termos "elocução horizontal de seu verso", "geórgica de cordel" (= referência à obra do poeta latino Virgílio que trata do mundo rural) e "narrada". Essas três expressões remetem ao universo da escritura. Portanto, essa reiteração leva ao estabelecimento de um novo plano de leitura: o poema expõe uma poética, ou melhor, duas. Em ambas, o verso avança horizontalmente, espalhando-se pelo papel e preenchendo-o. A palavra não é um decalque do mundo, mas ela o produz a partir da própria linguagem. Existe uma poética da desmedida, que é tributária da poesia popular, a do cordel, como a do canavial, que conquista sempre novos espaços, e uma da contenção, como a do mar, que, apesar da força de suas ondas e de sua imensidão, permanece medido, comedido.

O mar e o canavial são metáforas da produção poética. Assim, a segunda leitura é metafórica em relação à primeira.

48 Figuras de retórica

Em abril de 2003, os jornais do mundo todo publicaram uma foto da derrubada da estátua de Sadam Hussein, depois da invasão do Iraque pelos americanos. Essa foto pode ter duas leituras: uma é a da derrubada da estátua do ditador iraquiano; outra é a da derrubada de seu regime. Nesse caso, a estátua é o símbolo do regime. Como entre o símbolo e o simbolizado há uma relação de contiguidade, a segunda leitura é metonímica. Como se vê, o termo *estátua* tem dois sentidos no texto: representação escultória de Sadam Hussein e símbolo do regime comandado por ele.

A mesma coisa acontece com o poema "A mosca azul", de Machado de Assis:

> Era uma mosca azul, asas de ouro e granada,
> > Filha da China ou do Indostão.
> Que entre as folhas brotou de uma rosa encarnada.
> > Em certa noite de verão.
>
> E zumbia, e voava, e voava, e zumbia,
> > Refulgindo ao clarão do sol
> E da lua, – melhor do que refulgiria
> > Um brilhante do Grão-Mogol.
>
> Um poleá que a viu, espantado e tristonho,
> > Um poleá lhe perguntou:
> "Mosca, esse refulgir, que mais parece um sonho,
> > Dize, quem foi que to ensinou?"
>
> Então ela, voando e revoando, disse:
> > "Eu sou a vida, eu sou a flor
> Das graças, o padrão da eterna meninice,
> > E mais a glória, e mais o amor".
>
> E ele deixou-se estar a contemplá-la, mudo,
> > E tranquilo, como um faquir,
> Como alguém que ficou deslembrado de tudo,
> > Sem comparar, nem refletir.
>
> Entre as asas do inseto a voltear no espaço,
> > Uma coisa me pareceu
> Que surdia, com todo o resplendor de um paço,
> > Eu vi um rosto, que era o seu.

Era ele, era um rei, o rei de Cachemira,
    Que tinha sobre o colo nu
Um imenso colar de opala, e uma safira
    Tirada ao corpo de Vichnu.

Cem mulheres em flor, cem nairas superfinas,
    Aos pés dele, no liso chão,
Espreguiçam sorrindo as suas graças finas,
    E todo o amor que têm lhe dão.

Mudos, graves, de pé, cem etíopes feios,
    Com grandes leques de avestruz,
Refrescam-lhes de manso os aromados seios.
    Voluptuosamente nus.

Vinha a glória depois; – quatorze reis vencidos,
    E enfim as páreas triunfais
De trezentas nações, e os parabéns unidos
    Das coroas ocidentais.

Mas o melhor de tudo é que no rosto aberto
    Das mulheres e dos varões,
Como em água que deixa o fundo descoberto,
    Via limpos os corações.

Então ele, estendendo a mão calosa e tosca.
    Afeita a só carpintejar,
Com um gesto pegou na fulgurante mosca,
    Curioso de a examinar.

Quis vê-la, quis saber a causa do mistério.
    E, fechando-a na mão, sorriu
De contente, ao pensar que ali tinha um império,
    E para casa se partiu.

Alvoroçado chega, examina, e parece
    Que se houve nessa ocupação
Miudamente, como um homem que quisesse
    Dissecar a sua ilusão.

Dissecou-a, a tal ponto, e com tal arte, que ela,
    Rota, baça, nojenta, vil
Sucumbiu; e com isto esvaiu-se-lhe aquela
    Visão fantástica e subtil.

> Hoje quando ele aí vai, de aloé e cardamomo
> Na cabeça, com ar taful
> Dizem que ensandeceu e que não sabe como
> Perdeu a sua mosca azul.

Nesse poema, a mosca azul é o símbolo das ilusões, das fantasias, que podem ser contempladas e vividas na sua totalidade, mas não podem ser analisadas e dissecadas, porque então desaparecem. Ademais, o caso singular significa a vivência de todos os casos de ilusões, de fantasias. Essa segunda leitura é uma leitura metonímica do poema.

Personificação ou prosopopeia

No conto "A cartomante", de Machado de Assis, aparece a seguinte passagem: "A virtude é preguiçosa e avara, não gasta tempo nem papel; só o interesse é ativo e pródigo". Nota-se nela uma "impropriedade" semântica, pois se atribui à virtude, que é um conceito, vícios próprios do ser humano, preguiça e avareza, e ela é considerada agente da ação *gastar tempo e papel*, o que também exige que se lhe confiram características humanas. A mesma coisa ocorre com o *interesse*, que é visto como ativo e pródigo.

Trata-se de uma *personificação* ou *prosopopeia* (do grego *prosopopoiía*, que quer dizer exatamente "personificação"). Nesse tropo há, para lhes intensificar o sentido, um alargamento do alcance semântico de termos designativos de entes abstratos ou concretos não humanos pela atribuição a eles de traços próprios do ser humano. Com efeito, é mais forte dizer que a virtude é preguiçosa e avara do que afirmar que uma pessoa virtuosa é preguiçosa e avara. Há, naquela construção, uma generalização impactante que não se consegue nesta. Um traço semântico é selecionado e o sentido de todos os termos concentra-se em torno dele: por exemplo, a humanização dos seres não humanos. Nesse tropo, há uma concentração semântica.

Na parte III do conto "O tesouro", de Eça de Queirós, aparece uma prosopopeia, que descreve, com perfeição, a delicada melancolia de um entardecer: "A tarde descia, pensativa e doce, com nuvenzinhas cor-de-rosa". Em "O bêbado e o equilibrista", de João Bosco e Aldir Blanc, a lua e as estrelas são vistas a brilhar por interesse numa bela personificação: "A lua/ Tal qual a dona do bordel/ Pedia a cada estrela fria/ Um brilho de aluguel". Em "Estrela do mar", de Paulo Soledade e Marino Pinto, o mistério do amor é personificado por um grão de areia e uma estrela: "Um pequenino grão de areia/ que era um pobre sonhador,/ olhando o céu viu uma estrela/ e imaginou coisas de amor". No capítulo CXLIV de *Dom Casmurro*, a perda de laços afetivos de Bentinho é mostrada, de maneira intensa, quando se diz que é a casa que não o conhece:

Hão de perguntar-me por que razão, tendo a própria casa velha, na mesma rua antiga, não impedi que a demolissem e vim reproduzi-la nesta. A pergunta devia ser feita a princípio, mas aqui vai a resposta. A razão é que, logo que minha mãe morreu, querendo ir para lá, fiz primeiro uma longa visita de inspeção por alguns dias, e toda a casa me desconheceu. No quintal a aroeira e a pitangueira, o poço, a caçamba velha e o lavadouro, nada sabia de mim. A casuarina era a mesma que eu tinha deixado ao fundo, mas o tronco, em vez de reto como outrora, tinha agora um ar de ponto de interrogação; naturalmente pasmava do intruso.

A prosopopeia pode ter a dimensão de um sintagma, como um substantivo e um adjetivo (luar triste), ou de um texto, como as fábulas cujas personagens são animais ou plantas (por exemplo, "A raposa e as uvas"; "O carvalho e os juncos"). Machado de Assis, no poema "Círculo vicioso", tematiza a insatisfação com o que se é e o desejo de se tornar outra coisa, com a personificação de um vaga-lume, de uma estrela, da lua e do sol, que representam, então, seres humanos:

Bailando no ar, gemia inquieto vaga-lume:
– "Quem me dera que fosse aquela loura estrela,
Que arde no eterno azul, como uma eterna vela!"
Mas a estrela, fitando a lua, com ciúme:

– "Pudesse eu copiar o transparente lume,
Que, da grega coluna à gótica janela,
Contemplou, suspirosa, a fronte amada e bela!"
Mas a lua, fitando o sol, com azedume:

– "Mísera! tivesse eu aquela enorme, aquela
Claridade imortal, que toda a luz resume!"
Mas o sol, inclinando a rútila capela:

– "Pesa-me esta brilhante auréola de nume...
Enfara-me esta azul e desmedida umbela...
Por que não nasci eu um simples vaga-lume?"

O contrário da prosopopeia seria atribuir a um ser humano características de animais ou a um ente animado atributos dos seres inanimados em processos que poderiam ser, respectivamente, denominados *animalização* e *reificação*. O primeiro pode ser exemplificado pelo poema "O bicho", de Manuel Bandeira, ou pela descrição de Fabiano em *Vidas secas*, de Graciliano Ramos, que aparece no capítulo de mesmo nome:

Vivia longe dos homens, só se dava bem com animais. Os seus pés duros quebravam espinhos e não sentiam a quentura da terra. Montado, confundia-se com o cavalo, grudava-se a ele. E falava uma linguagem cantada, monossilábica e gutural, que o companheiro entendia. A pé, não se aguentava bem.

Uma reificação é o que ocorre na linguagem de Falcão, personagem do conto "Anedota pecuniária", de Machado de Assis, que se refere aos outros como se fossem dinheiro:

> A linguagem do Falcão valia um estudo. Assim é que, um dia, em 1864, voltando do enterro de um amigo, referiu o esplendor do préstito, exclamando com entusiasmo: – "Pegavam no caixão três mil contos!" E, como um dos ouvintes não o entendesse logo, concluiu do espanto, que duvidava dele, e discriminou a afirmação: – "Fulano quatrocentos, Sicrano seiscentos... Sim, senhor, seiscentos; há dois anos, quando desfez a sociedade com o sogro, ia em mais de quinhentos; mas suponhamos quinhentos..." E foi por diante, demonstrando, somando e concluindo: – "Justamente, três mil contos!"
> Não era casado. Casar era botar dinheiro fora. Mas os anos passaram, e aos quarenta e cinco entrou a sentir uma certa necessidade moral, que não compreendeu logo, e era a saudade paterna. Não mulher, não parentes, mas um filho ou uma filha, se ele o tivesse, era como receber um patacão de ouro. Infelizmente, esse outro capital devia ter sido acumulado em tempo; não podia começá-lo a ganhar tão tarde. Restava a loteria; a loteria deu-lhe o prêmio grande.

A retórica, ao contrário do que fez com a prosopopeia, não discriminou os processos de animalização e de reificação. Considerou-os metáforas. No entanto, podemos separá-los das metáforas, assim como foi feito com a personificação, que também tem natureza metafórica. Observe-se, por exemplo, que neste passo o conflito íntimo de Sofia, personagem de *Quincas Borba*, é expresso pelo diálogo de duas rosas, que, por similaridade, fundamento da metáfora, manifestam as opiniões opostas que agitavam a mente de Sofia:

> Assim, quando Sofia chegou à janela que dava para o jardim, ambas as rosas riram-se a pétalas despregadas. Uma delas disse que era bem feito! bem feito! bem feito!
> – Tens razão em te zangares, formosa criatura, acrescentou, mas há de ser contigo, não com ele. [...]
> – Não é tanto assim, interrompeu a outra rosa, com voz irônica e descansada.

A prosopopeia não está restrita à linguagem verbal. Pode aparecer uma imagem humanizada de um ser não humano, como ocorre no exemplo apontado pelo site

Retórica e publicidade, em que a garrafa de água mineral Luso tem uma toalha "às costas" como um atleta.

Jean Pierre Dubois mostra outro expediente de criação de prosopopeia visual, que é o uso de um recurso dos quadrinhos, atribuir uma fala num balão a um objeto, como no caso de uma publicidade do aparelho de barba BIC, em que o barbeador diz "Não à aposentadoria antecipada", enquanto a figura identificadora da marca afirma: "A duração... simples como BIC".

Apóstrofe

Na primeira estrofe do célebre poema de Fernando Pessoa "Mar português", o poeta dirige-se ao mar e fala com ele, o que parece uma impertinência semântica, já que, em princípio, apenas os humanos podem ser parceiros da enunciação:

> Ó mar salgado, quanto do teu sal
> São lágrimas de Portugal!
> Por te cruzarmos, quantas mães choraram,
> Quantos filhos em vão rezaram!
> Quantas noivas ficaram por casar
> Para que fosses nosso, ó mar!

Trata-se da figura retórica denominada *apóstrofe* (do grego *apostrophé*, que significa "afastamento, ato de desviar-se, ação de mudar o curso de"), que é um distanciamento da situação de enunciação para trazer à cena enunciativa quem, em princípio, não era o interlocutor. Por isso, na apóstrofe, há uma concentração sêmica, para expressar uma emoção viva e profunda, para exprimir um elã passional, o que significa intensificar o enunciado. Com efeito, quando um elemento é considerado parceiro da enunciação, atribui-se a ele um traço humano, um sema de presentidade. Nela, o enunciador interpela um ser natural ou sobrenatural, animado ou inanimado, concreto ou abstrato, presente ou ausente, para exprimir pedidos, censuras, lamentos, etc. Quando o falante se endereça a um ser não humano, seja ele, concreto ou abstrato, não deixa de construir uma prosopopeia, pois, ao dirigir-se a ele, torna-o seu interlocutor, o que confere a ele traços humanos. Foi o que fez Álvaro de Campos, um dos heterônimos de Fernando Pessoa, em seu poema "Ode triunfal": "Ó rodas, ó engrenagens, r-r-r-r-r-r eterno!"

Como se disse, na apóstrofe, o enunciador pode trazer à situação enunciativa um ser considerado sobrenatural, como fez Camões, no final de *Os Lusíadas* (x, 145, 1-4), ao dirigir às musas seu desalento com as consequências das conquistas portuguesas:

> No mais, Musa, no mais, que a lira tenho
> Destemperada e a voz enrouquecida;
> E não do canto, mas de ver que venho
> Cantar a gente surda, e endurecida

Pode dirigir-se a uma coisa inanimada (objetos, lugares, partes do corpo, etc.), como as flores do pino ou do verde ramo, na "Cantiga" escrita por Dom Diniz, como a bandeira brasileira, em texto antológico de Castro Alves, ou como os sinos das igrejas de São Paulo e as preces que nelas se faziam, na "Oração à cidade de São Paulo", de Paulo Bomfim:

> Ai flores, ai flores do verde pino,
> se sabedes novas do meu amigo!
> Ai Deus, e u é?
>
> Ai flores, ai flores do verde ramo,
> se sabedes novas do meu amado!
> Ai Deus, e u é?

> Auriverde pendão da minha terra,
> Que a brisa do Brasil beija e balança,
> Estandarte que a luz do sol encerra,
> E as promessas divinas da esperança...
> Tu, que da liberdade após a guerra,
> Foste hasteado dos heróis na lança,
> Antes te houvessem roto na batalha,
> Que servires a um povo de mortalha!...

> Sinos do meu São Paulo, despertai
> aqueles que morreram em beleza!
> Bronzes da Sé, de São Bento,
> dos Remédios, São Gonçalo,
> Oh! dobres de São Francisco,
> Orações da Boa Morte,
> Preces da Luz, evocai
> A saga de Manuel Preto,
> A febre de Fernão Dias,
> As lutas do Pai Pirá,
> Os martírios do Anhanguera,
> As monções flutuando em sangue,
> O verde das descobertas,
> E os gibões que se encantaram
> na mata virgem do tempo!

Pode endereçar-se a uma noção abstrata, como faz Camões (III, 119, 1-8) ao dirigir-se ao amor:

> Tu só, tu, puro amor, com força crua
> Que os corações humanos tanto obriga,
> Deste causa à molesta morte sua,
> Como se fora pérfida inimiga.
> Se dizem, fero Amor, que a sede tua
> Nem com lágrimas tristes se mitiga,
> É porque queres, áspero e tirano,
> Tuas aras banhar em sangue humano

Pode convocar os mortos, como faz Castro Alves no final do poema *O navio negreiro*:

> Levantai-vos, heróis do Novo Mundo...
> Andrada! arranca este pendão dos ares!
> Colombo! fecha a porta de teus mares!

Pode interpelar os ausentes, como fez histrionicamente Roberto Jefferson, quando denunciou o que se chamou mensalão: "Zé Dirceu, se você não sair daí rápido, você vai fazer réu um homem inocente, que é o presidente Lula. Rápido, sai daí rápido, Zé!"

Mesmo quando o enunciador fala com alguém presente, para haver a figura da apóstrofe, é preciso que haja um afastamento da situação enunciativa. Por isso, é necessário haver uma singularização ou uma ampliação dos interlocutores, o que implica uma presentidade criada pelo discurso. Na primeira Catilinária, Cícero falava ao senado romano, mas singulariza seu interlocutor: "Até quando abusarás, Catilina, de nossa paciência." Vieira, em muitos sermões, dirige-se aos cristãos em geral e não somente a seu auditório. Na VI parte do *Sermão do Primeiro Domingo do Advento*, pregado na capela real, em 1650, o orador amplia seus ouvintes para todos os cristãos e, ao mesmo tempo, restringe-os, dirigindo-se ao príncipe e aos ministros:

> Sabei, cristãos, sabei, príncipe, sabei, ministros, que se vos há de pedir estreita conta do que fizestes, mas muito mais estreita do que deixastes de fazer. Pelo que fizeram, se hão de condenar muitos; pelo que não fizeram, todos.

58 Figuras de retórica

Não há uma dimensão para a apóstrofe. Muitas vezes, um texto inteiro ou quase inteiro é uma apóstrofe. O *Sermão Pelo Bom Sucesso das Armas de Portugal Contra as de Holanda* é denominado de apóstrofe atrevida, porque nele o pregador se dirige diretamente a Deus, provocando-o, ao dizer que, se permitisse a vitória dos holandeses, eles destruiriam a religião católica e Deus não teria mais quem o louvasse, quem o honrasse, quem celebrasse o seu culto, etc. Ele diz já na primeira parte:

> Não hei de pregar hoje ao povo, não hei de falar com os homens, mais alto hão de sair as minhas palavras ou as minhas vozes: a vosso peito divino se há de dirigir todo o sermão.

Essa figura ocorre muitas vezes na linguagem do dia a dia, quando, por exemplo, se diz: "Meu Deus, que é que eu fiz para merecer isso?"

Oximoro

Em um artigo da revista *Veja*, aparece uma expressão, em princípio, estranha: "Nas últimas semanas, o arcabouço que sustentava os interesses dos Estados Unidos numa região vital como o Oriente Médio simplesmente se desmanchou. O governo americano acompanhou tudo com estridente silêncio" (23/3/2011, p. 65). A construção *estridente silêncio* parece paradoxal, porque o silêncio é o contrário da estridência (= forte ruído; estrépito). No entanto, quando refletimos melhor, verificamos que nela se harmonizam termos contraditórios com a finalidade de expressar, de modo mais adequado, uma situação conflitante. Com efeito, no exemplo acima, o que se pretende dizer é que os Estados Unidos se manifestam sobre todos os acontecimentos do mundo e que, portanto, seu silêncio inabitual chamou mais a atenção do que qualquer pronunciamento.

Trata-se da figura de retórica denominada *oximoro*, em que se combinam numa mesma expressão elementos linguísticos semanticamente opostos. A palavra oximoro é formada de dois termos gregos: *oxýs*, que significa "agudo", "penetrante", "inteligente", "que compreende rapidamente", e *morós*, que quer dizer "tolo", "estúpido", "sem inteligência". Como se vê, o vocábulo é formado de dois elementos contraditórios, o que significa que a palavra *oximoro* é um oximoro. Cabe ainda lembrar que, embora a pronúncia mais difundida seja com a tônica na antepenúltima sílaba, isto é, oxímoro, o Vocabulário Ortográfico da Língua Portuguesa só reconhece as formas *oximoro* (paroxítona) e *oximóron*. Para acomodar a contradição expressa no oximoro, o que se faz é restringir o sentido de um dos elementos de forma a poder aplicar a ele o termo antitético. No exemplo acima, *silêncio* deixa de significar "estado de quem se cala ou se abstém de falar" e passa a denotar uma maneira de pronunciar-se sobre alguma coisa. Ocorre, pois, uma concentração sêmica. O oximoro tem a finalidade de apreender as aporias, os paradoxos, as incoerências de uma dada realidade. Ao provocar um estranhamento, ele torna o sentido mais profundo, mais verdadeiro, mais intenso.

60 Figuras de retórica

Normalmente, essa figura é construída relacionando uma qualidade, expressa por um atributo, um adjunto adverbial ou um predicado, àquele que a porta, manifestado por um substantivo, um verbo ou adjetivo, um sujeito, ou estabelecendo uma relação entre duas qualidades conflitantes. No livro *Barroco tropical*, de José Eduardo Agualusa, há uma personagem, o General Benigno dos Anjos Negreiros, sogro do narrador, que tem prazer na construção de oximoros. O narrador também tem o gosto do paradoxo e, por isso, essa figura aparece muitas vezes ao longo da narrativa. Vejamos alguns casos: a) "A Inteligência Militar, perdoe-me o oximoro, teve um papel relevante na derrota de nosso fraterno inimigo" (parte 3 do terceiro capítulo): há uma contradição entre o substantivo *inimigo* e seu atributo *fraterno*; faz-se também uma ironia, ao considerar que o adjetivo *militar* é incompatível com o substantivo *inteligência*; b) "Repare no contraste! – gemeu Mouche. – Neste país até o futuro é arcaico" (parte 5 do terceiro capítulo): há um conflito semântico entre o sujeito *futuro* e o predicado *é arcaico*; c) "Tudo tão falso e tão ingenuamente autêntico – poderia escrever, para, uma vez mais, agradar ao meu sogro: 'falsamente verdadeiro' – que me vieram lágrimas aos olhos de pura emoção" (parte 3 do terceiro capítulo): o adjetivo *verdadeiro* é o oposto do advérbio *falsamente*; além disso, as qualidades expressas pelos adjetivos *falso* e *autêntico* são antitéticas. Também pode construir-se um oximoro, postulando a existência e a inexistência ao mesmo tempo: um poema de Cabral traz o título "O nada que é".

Essa figura serve para expressar a complexidade da realidade. Agualusa, ao descrever Benigno, diz: "Benigno é, quase sempre, muito simpático. Acho-o de uma *simpatia assustadora*" (parte 14 do terceiro capítulo). Por outro lado, quando se considera contraditória uma combinação, que une dois termos em princípio não opostos, esse pretendido oximoro serve para determinar uma visão sobre a realidade. Ainda em Agualusa encontra-se: "– Conheço. Ainda hoje encontrei uma dessas lamentáveis incongruências, um político honesto – olhe, ofereço-lhe o oximoro, é para sua coleção." (capítulo 20).

Normalmente, um oximoro é construído com dois termos: "Evidente que há mérito do Coritiba [...]. Tocou fácil a bola, envolveu o Palmeiras com *sofisticada simplicidade*, com perdão da contradição" (Antero Greco, "Jogo de criança", in *O Estado de S. Paulo*, 6/5/2011, E2). Entretanto, essa figura pode ser erigida em princípio de construção do texto, como acontece neste soneto de Camões:

Amor é um fogo que arde sem se ver,
é ferida que dói e não se sente;
é um contentamento descontente,
é dor que desatina sem doer.

É um não querer mais que bem querer;
é um andar solitário entre a gente;
é um nunca contentar-se de contente;
é um cuidar que ganha em se perder.

É um querer estar preso por vontade;
é servir a quem vence, o vencedor;
é ter com quem nos mata, lealdade.

Mas como causar pode seu favor
nos corações humanos amizade,
se tão contrário a si é o mesmo Amor?

O poeta tenta, nos onze primeiros versos (os dos dois quartetos e os do primeiro terceto), definir o amor. Cada verso tem a estrutura de uma definição: termo a ser definido (= amor) + verbo de ligação (= é) + conteúdo definicional. Esse conteúdo é uma metáfora, construída primeiro com substantivos concretos (fogo e ferida), depois com nomes abstratos (contentamento e dor), em seguida com infinitivos substantivados (um não querer, etc.), a seguir com verbos (servir e ter). Cada uma dessas definições encerra um oximoro: por exemplo, amor é fogo que arde (= visível) sem se ver (= invisível); é um não querer (= desprendimento) mais do que bem querer (= sôfrego); é um andar solitário (= isolamento) entre a gente (= acompanhado); é um nunca contentar-se (= insatisfação) de contente (= satisfação); é cuidar que ganha (= enganador) em se perder (= malogro); é um querer estar preso (= limitação) por vontade (= deliberada); é servir o vencedor (= devoção) a quem vence (= imerecida); é ter lealdade (= fidelidade) com quem nos mata (= indevida). Como uma definição não pode conter contradição, cada uma delas é abandonada. No último terceto, o poeta renuncia a definir o amor e expõe sua perplexidade numa interrogação: por que os homens buscam tanto esse sentimento se ele é algo contraditório? O poema começa com a palavra *amor* e termina com ela. É como se, ao final da experiência de buscar apreender o sentido dessa paixão, o poeta concluísse: amor é amor. São os oximoros que permitem deixar patente a impossibilidade de precisar o sentimento amoroso: o poema mostra que o amor é da ordem do sentimento e não do domínio da compreensão.

Há também oximoros visuais. No site *Retórica e publicidade*, apresenta-se uma peça publicitária da Pirelli como exemplo de oximoro, em que um atleta do sexo masculino, em posição de largada para uma corrida, calça sapatos de salto vermelhos. A legenda diz: "O poder não é nada sem controle". Nele unem-se os termos da oposição *masculino* vs. *feminino*, explorando os estereótipos ligados a esses universos, principalmente a *força* e a *graça*, a *sofisticação* e a *simplicidade.*

Sinestesia

O poema "Recordação", de Cecília Meireles, começa com os seguintes versos:

Agora o cheiro áspero das flores
leva-me os olhos por dentro de suas pétalas.

Nele, a poeta junta vocábulos que remetem a duas ordens sensoriais distintas: *cheiro* (olfato) e *áspero* (tato).

Trata-se da figura denominada *sinestesia* (do grego *syn*, que significa "reunião", "junção", "ao mesmo tempo" e *esthesia*, "sensação", "percepção"), que é a reunião de termos pertencentes a planos sensoriais diversos: por exemplo, palavras referentes à audição e ao tato, ao olfato e ao paladar, etc. No capítulo C de *Dom Casmurro*, de Machado de Assis, há o seguinte passo:

No quarto, desfazendo a mala e tirando a carta de bacharel de dentro da lata, ia pensando na felicidade e na glória. Via o casamento e a carreira ilustre, enquanto José Dias me ajudava, calado e zeloso. Uma fada invisível desceu ali e me disse em voz igualmente macia e cálida: "Tu serás feliz, Bentinho; tu vais ser feliz."

Nele, aparece o substantivo *voz*, que é da ordem sensorial da audição, determinado pelos adjetivos *macia* e *cálida*, que pertencem ao domínio sensório tátil. No capítulo LXIII de *Memórias póstumas de Brás Cubas*, aparece *luz* (visão) *úmida* (tato):

Virgília amava-me com fúria; aquela resposta era a verdade patente. Com os braços ao meu pescoço, calada, respirando muito, deixou-se ficar a olhar para mim, com os seus grandes e belos olhos, que davam uma sensação singular de luz úmida; eu deixei-me estar a vê-los, a namorar-lhe a boca, fresca como a madrugada, e insaciável como a morte.

A sinestesia é uma figura da mistura, em que se altera o significado de um termo que indica uma sensação, ao combiná-lo com outro de ordem sensorial diversa, para criar uma percepção diferente do mundo, intensificando, assim, o sentido. Ocorre

64 Figuras de retórica

uma concentração semântica, já que, quando se diz, por exemplo, *a aspereza da voz*, o que se faz é concentrar na qualidade tátil o que é da ordem da audição.

Essa figura ocorre bastante na linguagem cotidiana. Lembremo-nos de expressões correntes como *voz áspera*, *perfume doce*, *olhar frio*, *sorriso doce*, *cor berrante*, *gosto macio*. No entanto, foram os poetas simbolistas e pós-simbolistas, como os surrealistas e os expressionistas, que fizeram largo uso das construções sinestésicas, pois sua poesia pretendia alcançar uma percepção totalizante da realidade. É de Baudelaire o poema "Correspondências" (tradução de Jorge Pontual)

> Da Natureza, templo de vivos pilares,
> Uma fala confusa muitas vezes sai;
> Pela selva de símbolos o homem vai
> Sob a contemplação de íntimos olhares.
>
> Como ecos distantes que confundem tons
> Numa crepuscular e profunda unidade,
> Tão vasta como a noite e como a claridade,
> Conversam os perfumes, as cores, os sons.
>
> Há cheiros frescos como dos recém-nascidos,
> Doces como oboé, verdes como um jardim
> – e outros triunfais, ricos e corrompidos,
>
> Com toda a expansão dessas coisas sem fim,
> Como âmbar, almíscar, benjoim e incenso,
> Que cantam os sentidos e a mente em ascenso.

Arthur Rimbaud estabelece a cor das vogais e mostra as sensações que cada uma delas apresenta:

> Vogais
>
> A negro, E branco, I rubro, U verde, O azul, vogais:
> Ainda desvendarei seus mistérios latentes:
> A, velado voar de moscas reluzentes
> Que zumbem ao redor dos acres lodaçais;
>
> E, nívea candidez de tendas e areais,
> Lanças de gelo, reis brancos, flores trementes;
> I, escarro carmim, rubis a rir nos dentes
> Da ira ou da ilusão em tristes bacanais;

U, curvas, vibrações verdes dos oceanos,
Paz de verduras, paz dos pastos, paz dos anos
Que as rugas vão urdindo entre brumas e escolhos;

O, supremo Clamor cheio de estranhos versos,
Silêncios assombrados de anjos e universos:
– Ó! Ômega, o sol violeta dos Seus Olhos!

(Tradução de Augusto de Campos)

Outros exemplos:

asas de auréola aos meus ouvidos,
Grifam-me sons de cor e de perfumes,
Ferem-me os olhos turbilhões de gumes,
Descem-me na alma, sangram-me os sentidos

(Mário de Sá-Carneiro, "Álcool")

Mais claro e fino do que as finas pratas
O som da tua voz deliciava...
Na dolência velada das sonatas
Como um perfume a tudo perfumava.
Era um som feito luz, eram volatas
Em lânguida espiral que iluminava
Brancas sonoridades de cascatas...
Tanta harmonia melancolizava.

(Cruz e Souza, "Cristais")

Indefiníveis músicas supremas,
Harmonias da Cor e do Perfume...
Horas do Ocaso, trêmulas, extremas,
Réquiem do Sol que a Dor da Luz resume...

(Cruz e Souza, "Antífona")

A sinestesia pode ser visual: por exemplo, quando, para transmitir a sensação de gelado (tátil e gustativa), mostra-se uma garrafa suada (visual).

Hipálage

No início do capítulo v de *A cidade e as serras*, de Eça de Queirós, aparece o seguinte passo:

> Nos silenciosos corredores, onde me era doce fumar antes do almoço um pensativo cigarro, circulavam agora, desde a madrugada, ranchos de operários, de blusas brancas, assobiando o Petit-Bleu, e intimidando meus passos, quando eu atravessava em fralda e chinelas para o banho ou para outros retiros.

Observe-se que há nele um curioso sintagma formado do adjetivo *pensativo* e do substantivo *cigarro*. Quem narra esse trecho é Zé Fernandes. Então, era ele que pensativo fumava um cigarro, antes do almoço, nos corredores. O determinante, no caso, um adjetivo, foi deslocado e deixa de determinar o eu, para qualificar cigarro. Com isso, cria-se um sentido muito forte: toda a ação de andar pelos corredores fumando está determinada pelo adjetivo *pensativo*, toda ela constitui o pensar.

Trata-se da figura conhecida pelo nome de *hipálage* (do grego *hypallagé*, que significa "troca", "mudança", "transposição"), que consiste em deslocar um determinante de uma posição sintática, em que, por razões semânticas, se esperaria que ele estivesse, para outro lugar, em que contrai uma relação de determinação com outro termo. No conto "Maria pintada de prata", de Dalton Trevisan, ocorre: "Relutante, volta-se para a fulana: em cada olho um grito castanho de ódio". Observe-se que *castanho*, que deveria, semanticamente, determinar o substantivo *olho*, foi deslocado para a posição de determinante de *grito*, para indicar que os olhos é que expressam o sentido intenso de ódio. A hipálage é uma concentração semântica, pois um traço sêmico de um determinante passa a ter um alcance maior, com a finalidade de intensificar o sentido: ela cria uma percepção global do que está sendo narrado ou descrito.

O caso mais comum de hipálage é o deslocamento de um adjetivo, que deixa de qualificar um substantivo e passa a determinar outro: *"abundantes/ Mesas d'altos manjares*, excelentes,/ Lhe tinha aparelhadas, que a fraqueza/ Restaurem da cansada natureza" (*Os Lusíadas*, X, 2, 5-8). A determinação antes do deslocamento era *altas mesas de abundantes manjares*.

No capítulo I de *O primo Basílio*, de Eça de Queirós, aparece: "Houve um *ruído domingueiro* de saias engomadas, Juliana entrou arranjando nervosamente o colar e o broche" (trata-se de um ruído de saias domingueiras (= saias para serem usadas aos domingos) engomadas). No capítulo XII do romance *O esqueleto*, de Camilo Castelo Branco, ocorre: "Abria os olhos molhados de *culposas lágrimas*" (a culpa é relativa ao sujeito Beatriz e não às lágrimas). Muitas vezes, o determinado primeiro está implícito: "Papel, amigo papel, não recolhas tudo o que escrever esta *pena vadia*. Querendo servir-me, acabarás desservindo-me" (nesse caso, trata-se da pena deste escritor vadio, pois a pena é uma metonímia para designar quem a utiliza) (8/4/1888, *Memorial de Aires*, Machado de Assis).

No entanto, podem ocorrer outros deslocamentos. No conto "O moinho", de Eça de Queirós, há a seguinte descrição de um homem: "O marido, mais velho que ela, era um inválido, sempre de cama, inutilizado por uma doença de espinha; havia anos que não descia à rua; avistavam-no às vezes também à janela murcho e trôpego, agarrado à bengala, encolhido na robe de chambre, com uma face macilenta, a barba desleixada e com um barretinho de seda *enterrado melancolicamente* até ao cachaço" (melancólico é o sujeito que veste o barretinho de seda). O adjetivo torna-se determinante do verbo e, por isso, converte-se em advérbio.

Constituem também hipálages a transformação de um complemento ou adjunto introduzido por *de* em adjetivo:

> Quem sabe se aquela afeição de D. Carmo, tão meticulosa e tão serviçal, não acabará fazendo dano à bela Fidélia? A carreira desta, apesar de viúva, é o casamento; está na idade de casar, e pode aparecer alguém que realmente a queira por esposa. Não falo de mim, Deus meu, que apenas tive *veleidades sexagenárias* [= veleidades de sexagenário]; [...] digo alguém de verdade, pessoa que possa e deva amar como a dona merece.
> (4/9/1888, *Memorial de Aires*, Machado de Assis)

Nesse caso, também existe uma mudança, pois o adjetivo não tem o mesmo valor da locução formada por *de* + adjetivo, pois esta indica o possuidor (O sexagenário tinha veleidades), enquanto aquele qualifica o substantivo *veleidades*. No capítulo XIV de *Os maias*, de Eça de Queirós, ocorre: "*Uma alvura de saia* moveu-se no escuro" (= alguém com uma saia branca se moveu no escuro). Nesse caso o determinante de alguém é deslocado para a posição de determinado e, assim, a locução "com uma saia branca" torna-se substantivo, "alvura".

Somos levados a pensar que a hipálage só aparece no discurso literário, mas há inúmeras construções do cotidiano que se valem dessa figura: "A bicicleta furou o pneu" (= furou o pneu da bicicleta: o adjunto é deslocado para posição de sujeito); "O sapato não entra nos pés" (= Os pés não entram no sapato); "vitória suada" (= vitória em que o vitorioso suou muito, teve muito trabalho). No hino nacional brasileiro, há uma hipálage na seguinte passagem: "Ao som do mar e à luz do céu profundo" (*profundo* indica verticalidade para baixo; portanto, esperar-se-ia que o mar, e não o céu, fosse profundo).

A hipálage pode ser visual: por exemplo, um cartaz em que aparecem duas mãos dando um presente ao Papai Noel.

Ironia

Na terceira parte de uma crônica datada de 16 de julho de 1878, Machado de Assis comenta a introdução de touradas no Rio de Janeiro:

> A providência, em seus inescrutáveis desígnios, tinha assentado dar a esta cidade um benefício grande; e nenhum lhe pareceu maior nem melhor do que certo gozo superfino, espiritual e grave, que patenteasse a brandura de nossos costumes e a graça de nossas maneiras: deu-nos os touros.

Lendo-se o texto, tem-se a impressão de que Machado está elogiando a tauromaquia, embora cause certa estranheza considerá-la um modo de patentear a brandura de nossos costumes e a graça de nossas maneiras. Continuando a ler o texto, outros elementos vão mostrando que se trata de uma predicação impertinente, isto é, que o texto acima não faz sentido, se o entendemos como um louvor às touradas. Veja-se: "os prazeres intelectuais hão de sempre dominar nesta geração"; "nobre diversão do espírito"; "não estou entre os inconsoláveis admiradores do Pontes [um toureiro], que lá se vai, mar em fora. Perdão, do artista Pontes. Sejamos do nosso século e da nossa língua. No tempo em que uma vã teoria regulava as coisas do espírito, estes nomes de *artista* e de *arte* tinham restrito emprego: exprimiam certa aplicação de certas faculdades"; "Daí vem que farpear um touro ou esculpir o *Moisés* é o mesmo fato intelectual". Lendo-se a totalidade do texto, percebe-se que só se pode dar pertinência ao que está citado acima, se o entendermos como uma inversão semântica do que foi dito: o gozo da tourada é grosseiro, nada tem de espiritual e de grave, ele patenteia a dureza de nossos costumes e a deselegância de nossas maneiras. Trata-se, enfim, de uma ironia.

A *ironia* (do grego *eironéia*, que significa "dissimulação") ou *antífrase* (do grego *antíphrasis*, que quer dizer "expressão contrária") é um alargamento semântico, uma difusão sêmica. No eixo da extensão, um significado tem o seu valor invertido, abarcando assim o sentido x e seu oposto. Com isso, há uma intensificação maior ao sentido, pois se finge dizer uma coisa para dizer exatamente o oposto. O que

70 Figuras de retórica

estabelece uma compatibilidade entre os dois sentidos é uma inversão. A ironia apresenta uma atitude do enunciador, pois é utilizada para criar sentidos que vão do gracejo até o sarcasmo, passando pelo escárnio, pela zombaria, pelo desprezo, etc. Na verdade, são duas vozes em conflito, uma expressando o inverso do que disse a outra; uma voz invalida o que a outra profere. Assim, a ironia é um tropo em que se estabelece uma compatibilidade predicativa por inversão, alargando a extensão sêmica dos pontos de vista coexistentes e aumentando sua intensidade.

Muitos autores, como Cícero, no *De oratore* (II, 65-67), distinguem a ironia da antífrase. Aquela é a dissimulação do orador, que, por exemplo, usa palavras elogiosas para criticar, enquanto esta é uma inversão semântica. Na prática, no entanto, como, quando o elogio deve ser compreendido como reprimenda, o que se faz é entender o inverso do que se disse, podemos considerar sinônimos os termos ironia e antífrase, pois a antífrase também é uma operação enunciativa, uma dissimulação do enunciador. É assim que entendem autores como Vieira, um grande conhecedor da retórica:

> O reinado de Davi todo foi inquieto e perturbado com guerras, e infestado de inimigos. O de Salomão, como ele mesmo diz, não teve inimigo que o inquietasse: *Non est satan, neque; occursus malus* – todo foi sossegado e opulento na mais alta e deleitosa paz. Isto mesmo trouxeram escrito no fado de seus nascimentos, ou no prognóstico e profecia dos nomes de um e outro rei: Davi quer dizer *manu fortis*, Salomão, *pacificus*. Gerou, pois, o rei guerreiro ao pacífico, e o pacífico sucedeu ao guerreiro, porque a paz é filha da guerra, e à guerra sucede a paz. Muito é que de uma mãe tão feia e tão descomposta nasça uma filha tão formosa e tão modesta? Mas por isso os antigos chamaram à guerra *bellum*, não por ironia ou antífrase, como muitos cuidam, senão porque da guerra nasce a bela paz.
> (Primeira parte do *Sermão XII do Rosário*)

A compreensão da ironia exige a percepção de uma impertinência predicativa. No capítulo III do conto "A parasita azul", de Machado de Assis, aparece a frase "Soares olhava para Camilo com a mesma ternura com que um gavião espreita uma pomba". Evidentemente, "um gavião espreita a pomba" não pode admitir o uso da palavra *ternura*. Por isso, aqui ela significa "frieza", "malvadez".

A ironia pode ter várias dimensões. Vai desde uma palavra até uma obra toda, passando por passagens de diferente extensão de uma dada obra. No exemplo abaixo, um texto de Almada Negreiros, intitulado "Manifesto Anti-Dantas" (Dantas é Júlio Dantas, autor português), o termo *modéstia* tem que ser entendido como o seu inverso:

E fique sabendo o (Júlio) Dantas que se um dia houver justiça em Portugal todo o mundo saberá que o autor dos Lusíadas é o Dantas que num rasgo memorável de modéstia só consentiu a glória do seu pseudónimo Camões.

No *Sermão Pelo Bom Sucesso das Armas de Portugal Contra as de Holanda*, Vieira, a partir de uma passagem da narrativa bíblica dos sofrimentos de Jó, ironiza a divindade ao dizer que, se Deus permitir que os portugueses, que são católicos, sejam vencidos, então ele que espere louvor dos holandeses, que são hereges.

> Não me atrevera a falar assim, se não tirara as palavras da boca de Jó que, como tão lastimado, não é muito entre muitas vezes nesta tragédia. Queixava-se o exemplo da paciência a Deus – que nos quer Deus sofridos, mas não insensíveis – queixava-se do tesão de suas penas, demandando e altercando porque se lhe não havia de remitir e afrouxar um pouco o rigor delas, e como a todas as réplicas e instâncias o Senhor se mostrasse inexorável, quando já não teve mais que dizer, concluiu assim: *Ecce nunc in pulvere dormiam, et si mane me quaesieris, non subsistam* (Jó 7,21): Já que não quereis, Senhor, desistir ou moderar o tormento, já que não quereis senão continuar o rigor, e chegar com ele ao cabo, seja muito embora, matai-me, consumi-me, enterrai-me: *Ecce nunc in pulvere dormiam*. Mas só vos digo e vos lembro uma coisa, que se me buscardes amanhã, que me não haveis de achar: *Et si mane me quaesieris, non subsistam*. Tereis aos sabeus, tereis aos caldeus, que sejam o roubo e o açoite de vossa casa, mas não achareis a um Jó que a sirva, não achareis a um Jó que a venere, não achareis a um Jó que, ainda com suas chagas, a não desautorize. – O mesmo digo eu, Senhor, que não é muito rompa nos mesmos afetos que se vê no mesmo estado. Abrasai, destruí, consumi-nos a todos; mas pode ser que algum dia queirais espanhóis e portugueses, e que os não acheis. Holanda vos dará os apostólicos conquistadores, que levem pelo mundo os estandartes da cruz; Holanda vos dará os pregadores evangélicos, que semeiem nas terras dos bárbaros a doutrina católica e a reguem com o próprio sangue; Holanda defenderá a verdade de vossos Sacramentos e a autoridade da Igreja Romana; Holanda edificará templos, Holanda levantará altares, Holanda consagrará sacerdotes, e oferecerá o sacrifício de vosso Santíssimo Corpo; Holanda, enfim, vos servirá e venerará tão religiosamente, como em Amsterdã, Meldeburg e Flisinga, e em todas as outras colônias daquele frio e alagado inferno, se está fazendo todos os dias.

Jonathan Swift escreveu um panfleto intitulado *Uma modesta proposta para prevenir que, na Irlanda, as crianças dos pobres sejam um fardo para os pais ou para o país, e para as tornar benéficas para a República*, que deve ser entendido como uma ironia, ao sugerir que as crianças servissem de alimento aos adultos. O conto "A igreja do diabo", de Machado de Assis, é uma ironia da construção de uma religião e do seu moralismo, que impele a praticar o contrário do que prega.

A ironia pode aparecer em outras linguagens, como a visual, como numa tira da série "Malditos designers", de Rômolo Hipólito, em que aparece um luminoso triângulo no céu diante do qual uma multidão de publicitários se ajoelha fazendo exclamações de grande admiração, pois sobre o quadro aparece uma interjeição formada de todas as interjeições que exprimem maravilha em português: nnhhhóóóóóuuummm. Não se deve entender o triângulo como o símbolo da divindade, ou seja, um conteúdo, mas como uma simples forma que os designers adoram.

Lítotes

Na dedicatória ao rei D. Manuel, em *Os Lusíadas* (I, 10, 1-2), Camões diz:

> Vereis amor da pátria, não movido
> De prêmio vil, mas alto e quase eterno

No contexto da epopeia portuguesa, a negação "não movido de prêmio vil" é um predicado não pertinente, porque o que o poeta faz não é dizer que os feitos portugueses não foram guiados por nenhuma razão subalterna, mas é proclamar que foram regidos por valores patrióticos e morais ("E também as memórias gloriosas/ Daqueles reis que foram dilatando/ A Fé e o Império" (I, 2, 1-3); "Em perigos e guerras esforçados/ Mais do que prometia a força humana,/ E entre gente remota edificaram/ Novo Reino, que tanto sublimaram" (I, 1, 5-8)). Na verdade, afirma-se negando o contrário da asseveração.

A *lítotes* (do grego *litótes*, que significa "simplicidade", "frugalidade", "exiguidade") é um alargamento semântico, uma difusão sêmica. Ao negar o contrário daquilo que se quer afirmar, tem-se uma extensão semântica, abarcando-se o sentido x e a negação do seu contrário. Quando se quer dizer que alguém é muito esperto, diz-se "Você não é nada bobo". "Bobo" é o contrário de "esperto" e é o núcleo do predicado negado. Com isso, há, sob uma aparente atenuação, uma intensificação maior do sentido, pois a negação do contrário confere mais energia e peso àquilo que se deseja afiançar. O que estabelece uma compatibilidade entre os dois sentidos é, então, uma negação de um contrário. Assim, a lítotes é um tropo em que se estabelece uma compatibilidade predicativa com um alargamento da extensão sêmica, em que se inclui a afirmação de x e a negação de seu contrário, produzindo-se, assim, uma intensificação da afirmação. A lítotes dissimula a afirmação, para asseverar com mais força. É, pois, um modo de afirmar, negando.

Essa negação do contrário pode ser feita sintaticamente (por exemplo, por meio de um advérbio de negação) ou semanticamente (por exemplo, usando uma palavra de valor contrário). No primeiro caso, temos exemplos como: "Não era costureira, nem proprietária, nem mestra de meninas; vá excluindo as profissões e lá chegará" (Machado de Assis, "Singular ocorrência"). A negação de que ela fosse costureira, proprietária ou mestra de meninas, seguida da indicação de continuar a não admissão das profissões, indica que ela era prostituta. Observe-se que as sucessivas negativas conferem mais intensidade à declaração do que a pura e simples afirmação de que ela era prostituta. "Você não é pouco cara de pau" quer dizer "Você é muito cara de pau". "Carlos não está bom da bola" significa "Carlos está louco". "Não poucas vezes" denota "Muitas vezes". No exemplo que segue, retirado do texto "Conto de escola", de Machado de Assis, o próprio autor mostra como devem ser lidas as negações: "Note-se que não era pálido nem mofino: tinha boas cores e músculos de ferro". Bocage, em soneto intitulado "Retrato próprio", quando diz "nariz alto no meio e não pequeno" quer indicar que o nariz era enorme.

No segundo caso, o de negação semântica, temos exemplos como "Você é bem pouco paciente"; "Você conhece bem pouco o ser humano"; "Venha visitar minha choupana"; "Ouvi: que não vereis com vãs façanhas,/ Fantásticas, fingidas, menti-rosas,/ Louvar os vossos, como nas estranhas/ Musas, de engrandecer-se desejosas" (Camões, *Os Lusíadas*, I, 11, 1-4). No contexto, "bem pouco" significa "nada": você é nada paciente (= é impaciente), você não conhece nada do ser humano (= você ignora tudo do ser humano). "Choupana" pode significar "palácio", quando um milionário convida para visitar sua casa, por exemplo. "Façanhas vãs, fantásticas, fingidas, mentirosas" quer dizer "fatos reais, verdadeiros", que é aquilo que se verá.

Jean Pierre Dubois, em seus estudos sobre a retórica da imagem, diz que, na linguagem visual, a lítotes é criada por uma ausência. Isso significa que a ausência é uma negação visual. Nela, também se afirma negando, ou seja, afiança-se por uma ausência. Ele exemplifica a lítotes visual, com dois textos. O primeiro é uma publicidade francesa do Golf, carro da Volkswagen. Nela, não aparece o veículo, apenas estão indicados, em linguagem verbal, tudo aquilo que o equipa. Abaixo da imagem da estrada onde deveria estar o automóvel, aparece esta afirmação: "Um Golf TDI Pack superequipado por 17.970 euros é duro de imaginar". Aliada a essa afirmação da dificuldade de imaginar o carro que está sendo anunciado, a ausência é uma afirmação poderosa de sua qualidade. A não presença do produto que se pretende vender é uma estratégia de intensificação de seu valor. O segundo é uma campanha para a preservação das espécies selvagens, criada pela agência Scholz & Friends, de Hamburgo (Alemanha), em que aparece o logotipo da Metro sem o leão que a caracteriza. A retirada do leão desse logotipo, acompanhada da afirmação "A vida selvagem está desaparecendo", apresenta um significado bastante forte. A ausência do leão configura a seguinte negação "O leão da Metro não está presente", o que conota a afirmação "O leão da Metro desapareceu e seu desaparecimento se deu, porque a vida selvagem está desaparecendo".

Hipérbole

No capítulo xv do romance *Helena*, de Machado de Assis, encontra-se o seguinte passo: "Quando esta carta te chegar às mãos, estarei morto, morto de saudades de minha tia e de ti". Evidentemente, "estarei morto, morto de saudades" é um predicado não pertinente, porque, de fato, a personagem não estará morta, mas com muitas saudades.

A *hipérbole* (do grego *hyperbolé*, que significa "ação de lançar por cima ou além"; depois, "ação de ultrapassar ou passar por cima"; daí, "excesso", "amplificação crescente") é o tropo em que há um aumento da intensidade semântica. Ao dizer de maneira mais forte alguma coisa, chama-se a atenção para aquilo que está sendo exposto. Quando se afirma que alguém tem um coração de pedra, o que se pretende é destacar o grau de insensibilidade dessa pessoa. A hipérbole é o tropo em que se estabelece uma compatibilidade predicativa, ao perceber a superlatividade da expressão. Na hipérbole, diz-se mais para significar menos, mas, por isso mesmo, enfatiza-se o que está sendo expresso. Trata-se, portanto, de uma difusão semântica: o menos projeta-se sobre o mais; em outras palavras, a expressão mais intensa engloba também a menos intensa.

Usa-se a hipérbole tanto na linguagem cotidiana (estou morto de sede, estava tão cansado que desmaiei) quanto nos gêneros artísticos. Em *Os Lusíadas*, de Camões, encontram-se passagens como:

> Sigamos estas deusas e vejamos
> Se fantásticas são, se verdadeiras.
> Isto dito, *veloces mais que gamos,*
> Se lançam a correr pelas ribeiras
>
> (IX, 70, 1-4)

> Os olhos tinha prontos e direitos
> O Catual na história bem distinta;
> *Mil vezes perguntava e mil ouvia*
> As gostosas batalhas que ali via
>
> (VIII, 43, 1-4)

76 Figuras de retórica

Os usos da hipérbole são variados. Em Vieira, por exemplo, menciona-se a hipérbole para mostrar a denotação da verdade religiosa, pois se explica que o que é exagero retórico em outros campos discursivos não o é no domínio do discurso religioso:

> Não só os poetas, mas ainda os profetas, quando querem descrever a tempestade mais horrível, dizem que a braveza e fúria dos ventos já levantam as ondas ao céu, já as precipitam ao inferno: *Ascendunt usque ad caelos, et descendunt usque ad abyssos.* – E isto, que nas tempestades do mar é hipérbole, na tempestade do inferno não chega a dizer tudo o que verdadeiramente é, porque os trovões e os raios daquela tempestade de blasfêmias, injúrias e maldições, não só sobem e se levantam desde o inferno até o céu, senão sobre o céu do céu até o mesmo Deus.
>
> (Quarta parte do Discurso quarto de *As cinco pedras da funda de Davi*)

Os narradores machadianos sempre apresentam uma imagem de comedimento e de elegância de linguagem. Os exageros de expressão são incompatíveis com sua dicção. Por isso, eles explicam o uso de hipérboles e desculpam-se por elas:

> Meses depois fui para o seminário de S. José. Se eu pudesse contar as lágrimas que chorei na véspera e na manhã, *somaria mais do que todas as vertidas desde Adão e Eva.* Há nisto alguma exageração; mas é bom ser enfático, uma ou outra vez, para compensar este escrúpulo de exatidão que me aflige. Entretanto, se eu me ativer só à lembrança da sensação, não fico longe da verdade; aos quinze anos, tudo é infinito.
>
> (*Dom Casmurro*, cap. L)

> A notícia de que ela vivia alegre, quando eu chorava todas as noites, produziu-me aquele efeito, acompanhado de um bater de coração, *tão violento, que ainda agora cuido de ouvi-lo.* Há alguma exageração nisto; mas o discurso humano é assim mesmo, um composto de partes excessivas e partes diminutas, que se compensam, ajustando-se. Por outro lado, se entendermos que a audiência aqui não é das orelhas, senão da memória, chegaremos à exata verdade. A minha memória ouve ainda agora as panca-das do coração naquele instante. Não esqueças que era a emoção do primeiro amor.
>
> (*Dom Casmurro*, cap. LXII)

A hipérbole pode ter dimensões variadas. Pode ir de uma locução até um texto inteiro. Machado criou uma personagem hiperbólica em *Dom Casmurro*: José Dias, o homem que amava os superlativos: "Era um modo de dar feição monumental às ideias; não as havendo, servia a prolongar as frases" (cap. IV). O narrador critica esse estilo de José Dias:

Enxuguei os olhos, posto que de todas as palavras de José Dias uma só me ficasse no coração; foi aquele *gravíssimo*. Vi depois que ele só queria dizer *grave*, mas o uso do superlativo faz a boca longa e, por amor do período, José Dias fez crescer a minha tristeza. Se achares neste livro algum caso da mesma família, avisa-me, leitor, para que o emende na segunda edição; nada há mais feio do que dar pernas longuíssimas a ideias brevíssimas.

(Cap. LXVII)

A hipérbole não é uma figura característica apenas da linguagem verbal. Construem-se amplificações de sentido também na linguagem visual.

A Clínica do Tempo, sediada em Lisboa, numa propaganda de uma técnica de "lipoaspiração" não invasiva mostra uma pessoa torcendo a pele da barriga, como se torce roupa, só que em lugar de água pinga gordura.

O site http://www.propagandopropaganda.com.br/ dá como exemplo de hipérbole visual, uma propaganda da Bosch, em que um parafuso está colocado numa madeira, cujos nós sugerem dureza. Ela mostra a capacidade perfurante de uma ferramenta Bosch.

Eufemismo

No conto "Missa do galo", de Machado de Assis, encontra-se a seguinte passagem:

> Nunca tinha ido ao teatro, e mais de uma vez, ouvindo dizer ao Meneses que ia ao teatro, pedi-lhe que me levasse consigo. Nessas ocasiões, a sogra fazia uma careta, e as escravas riam à socapa; ele não respondia, vestia-se, saía e só tornava na manhã seguinte. Mais tarde é que eu soube que o teatro era um eufemismo em ação. Meneses trazia amores com uma senhora, separada do marido, e dormia fora de casa uma vez por semana. Conceição padecera, a princípio, com a existência da comborça; mas, afinal, resignara-se, acostumara-se, e acabou achando que era muito direito.

A expressão "ir ao teatro" apresenta uma impertinência predicativa no contexto, pois, se o anúncio da ida ao teatro estivesse em seu sentido próprio, não produziria a careta da sogra, os risos à socapa das escravas, nem duraria a noite toda. O próprio autor mostra que se trata de uma atenuação da expressão direta "ir encontrar-se com a amante", ou seja, de um eufemismo.

O *eufemismo* (do grego *eufemísmos*, que significava "emprego de uma palavra favorável no lugar de uma de mau augúrio", vocábulo formado de *eu*, "bem" + *femi*, "dizer, falar", designando, pois, "o ato de falar de uma maneira agradável") é o tropo em que há uma diminuição da intensidade semântica, com a utilização de uma expressão atenuada para dizer alguma coisa desagradável. É o caso do exemplo acima, em que "ir ao teatro" é a afirmação suavizada de "ir encontrar-se com a amante". O eufemismo é o tropo em que se estabelece uma compatibilidade predicativa, quando se determina o abrandamento da expressão. No eufemismo, diz-se menos para significar mais e, por isso, alarga-se o alcance sêmico da expressão que está sendo usada, já que o mais se projeta no menos.

Importantes estudiosos de retórica consideravam que o eufemismo não era um tropo. Fontanier classifica-o entre os pretensos tropos, isto é, aqueles que passam por aquilo que não são. Lausberg diz que um eufemismo é a operação de substituição de uma palavra tabu. Portanto, não o qualificava como um tropo. Pensemos um pouco mais a questão.

Ullmann (s.d.: 425-438) diz que *tabu* é uma palavra polinésia, que tem um significado complexo, mas basicamente indica uma proibição. No caso do tabu linguístico, ocorre a interdição do uso de determinadas palavras. Os tabus linguísticos são criados por medo, por delicadeza ou por decência. No primeiro caso, é o terror em relação aos seres sobrenaturais, a certos animais ou a coisas inanimadas que determina não pronunciar certos termos. Assim, entre muitos povos não se pronunciava os nomes de Deus ou do diabo, que eram substituídos por termos como *Nosso Senhor*, *tinhoso*; durante muito tempo no Brasil não se dizia *câncer*, como se a palavra pudesse atrair a doença: o termo era trocado pela expressão *doença ruim*. No tabu de delicadeza, proscrevem-se certos vocábulos tidos como grosseiros, que são permutados por outros reputados como mais finos: *banheiro* ou *toalete* são preferidos a *privada*; *enriqueceu por meios ilícitos* é utilizado por *enriqueceu roubando*; opta-se por *falecer* em lugar do mais direto *morrer*. No caso do tabu de decência, algumas palavras que indicam certas partes e funções do corpo são substituídas por outras julgadas mais decorosas. Assim, prefere-se *urinar*, *defecar* ou *pênis* a sinônimos considerados chulos.

O eufemismo pode ou não ser um tropo. Não o será, quando não houver qualquer impertinência predicativa na substituição. Quando se diz "Soube hoje do falecimento de seu pai", a troca de *morte* por *falecimento* não acarreta nenhuma impertinência semântica, pois a segunda é um sinônimo, já codificado na língua, da primeira. A mesma coisa ocorre, quando se diz "Onde é o toalete?" em vez de "Onde é a privada?".

Trata-se, porém, de um tropo, quando a atenuação não é um modo de dizer codificado e, portanto, gera uma não pertinência sêmica. No célebre episódio de Inês de Castro, relatado no canto III de *Os Lusíadas*, de Luís de Camões, aparecem os seguintes versos: "Tirar Inês ao mundo determina,/ Por lhe tirar o filho, que tem preso" (123, 1-2). Esse passo alude à decisão de D. Afonso IV, rei de Portugal e pai do príncipe D. Pedro, com quem ela se casara secretamente, de mandar matar Inês. "Tirar alguém do mundo" só adquire pertinência semântica se entendido como expressão atenuada de "matar". No capítulo VII de *Iaiá Garcia*, de Machado de Assis, aparece: "Procópio Dias tinha dois credos. Era um deles o lucro. Mediante alguns anos de trabalho assíduo e finuras encobertas, viu engrossarem-lhe os cabedais." "Finuras encobertas" apenas ganha pertinência ao lado de "trabalho assíduo" se indicar as operações comerciais escusas que Procópio Dias realizava. No capítulo XCI de *Memórias póstumas de Brás Cubas*, a expressão "tomei-lhe de empréstimo o relógio" só ganha sentido se quiser dizer "roubei-lhe o relógio":

> Há tempos, no Passeio Público, tomei-lhe de empréstimo um relógio. Tenho a satisfação de restituir-lho com esta carta. A diferença é que não é o mesmo, porém outro, não digo superior, mas igual ao primeiro. *Que voulez-vous, monseigneur?* – como dizia Fígaro, – *c'est la misère*. Muitas coisas se deram depois do nosso encontro; irei contá-las por miúdo, se me não fechar a porta.

Os eufemismos não são apenas verbais. Um dos blogs que discutem publicidade, ao mostrar como se representa a tragédia em anúncios publicitários, evidencia o papel do eufemismo (http://publisociedade.blogspot.com/2008_11_01_archive.html). Sob a legenda, "A morte por afogamento é rápida e silenciosa. Não deixe que a tragédia venha ao de cima. Saiba como agir em www.org.apsi.pt", aparece um ursinho caído numa piscina, com o rosto dentro da água. O ursinho na água é uma forma mais delicada de indicar o afogamento de uma criança. No entanto, essa imagem só ganha pertinência semântica se for assim entendida. Caso contrário, ela não tem relação com o texto verbal que aparece na parte de cima do cartaz.

Perífrase e adínaton

No capítulo XLVIII de *Memórias póstumas de Brás Cubas*, de Machado de Assis, há o seguinte passo: "Luís Dutra era um primo de Virgília, que também privava com as musas." No seu sentido próprio, a expressão "privar com as musas" cria uma incompatibilidade semântica, pois *privar com alguém* significa "ter convivência íntima ou familiar" e *musas* denota "as nove deusas, filhas de Zeus e Mnemosine, que presidiam às artes". Na verdade, só se estabelece uma compatibilidade de sentido, quando se entende que essa expressão indica que ele era poeta.

Trata-se nesse caso de uma *perífrase*, isto é, um circunlóquio, um meio indireto de dizer alguma coisa (do grego *peri*, "ao redor de", e *phrásis*, "expressão"). Nesse expediente retórico, troca-se uma expressão por outra, alargando o dito para intensificar o sentido, ou seja, diz-se com mais palavras para enfatizar aquilo que se poderia expor de maneira mais curta. Nesse caso, ocorre uma difusão semântica, pois um traço semântico dá um dado sentido a um conjunto de termos. A perífrase resulta de uma propriedade da linguagem verbal denominada elasticidade, que permite expandir ou condensar a expressão verbal, ou seja, que admite que expressões de diferentes dimensões sejam reconhecidas como semanticamente equivalentes. Pode-se dizer, de maneira condensada "Eles são casados" ou, de maneira alongada, "Eles são unidos pelos laços matrimoniais". Na quarta parte do *Sermão da Terceira Quarta-Feira da Quaresma*, pregado na Capela Real em 1669, de Vieira, há esta passagem: "Vedes aquele mancebo macilento e pensativo que roto e quase despido, com uma corneta pendente do ombro, arrimado sobre um cajado, está guardando um rebanho vil do gado mais asqueroso? Pois aquele é o pródigo." A expressão *gado mais asqueroso* significa "porcos" e só com esse sentido ganha pertinência no contexto.

Fontanier coloca a perífrase entre os pretensos tropos, pois só há um tropo, quando ocorre uma incompatibilidade semântica. Nesse caso, diz o autor francês, a perífrase sempre é outro tropo: uma metáfora, uma sinédoque, etc. Na estrofe 105 do canto II de *Os Lusíadas*, há os seguintes versos:

82 Figuras de retórica

Enquanto apascentar o largo Polo
as estrelas, e o Sol der lume
onde quer que eu viver, com fama e glória
viverão teus louvores em memória.

As expressões *enquanto o largo Polo* (= céu) *apascentar* (= conduzir ao pasto; no caso, ao espaço celeste) *as estrelas* e *enquanto o Sol der lume* (= tiver luz) são perífrases metafóricas de "sempre". Há uma similitude entre a duração eterna de sempre, o aparecimento perene das estrelas à noite e o brilho perpétuo do sol durante o dia. Por isso, os versos indicam que os louvores viverão para sempre. Olavo Bilac refere-se, num soneto, à língua portuguesa como a "última flor do Lácio". Nesse caso, temos uma metonímia, porque há uma contiguidade entre o lugar (o ponto mais ocidental do Império Romano) e o produto (o idioma que nele se formou). Isso poderia levar-nos a considerar que Fontanier tem razão e que, portanto, as perífrases não são tropos em sentido estrito. No entanto, podemos classificá-las como um tropo à parte, pois elas têm uma característica que as singulariza: a expressão alongada e indireta de dizer alguma coisa. O fato de serem metafóricas, metonímicas, etc. não deve colocar nenhum problema para sua definição, pois, como já vimos, mesmo as metáforas têm um fundamento metonímico e as metonímias têm uma base metafórica. Assim, uma perífrase pode ter um fundo metafórico ou metonímico.

No entanto, há outro problema a ser examinado: há casos em que as perífrases não geram incompatibilidade semântica; elas são apenas sinônimos da expressão substituída. Nesse caso, temos uma figura que não é, em sentido estrito, um tropo, porque não há a criação de um novo significado para estabelecer uma compatibilidade semântica. No entanto, são figuras, porque intensificam a expressão. São figuras de troca. Os versos 301 a 304 da 8ª écloga de Camões são um longo sinônimo da locução adverbial *ao anoitecer*:

Mas já que pouco a pouco o Sol nos falta
E dos montes as sombras se acrescentam,
De flores mil o claro céu se esmalta,
Que tão ledas aos olhos se apresenta.

No capítulo IX, intitulado "Cartas pras Icamiabas", do livro *Macunaíma*, de Mário de Andrade, a expressão *trompas de Eustáquio* substitui o termo *ouvidos*:

Nem cinco sóis eram passados que de vós nos partíramos, quando a mais temerosa desdita pesou sobre nós. Por uma bela noite dos idos de maio do ano translato, perdíamos a muiraquitã; que outrem grafara muraquitã, e, alguns doutos, ciosos de etimologias esdrúxulas, ortografam muyrakitam e até mesmo muraqué-itã, não sorriais! Haveis de saber que este vocábulo, tão familiar a vossas trompas de Eustáquio, é quasi desconhecido por aqui.

No texto, essa perífrase, que beira o ridículo, pois dá ênfase a uma banalidade, juntamente com um léxico preciosista e de sabor arcaizante e uma sintaxe clássica, configura uma paródia da linguagem pré-modernista. O narrador imita o estilo de autores, como Rui Barbosa, Coelho Neto, Bilac, para ridicularizar a literatura brasileira do período anterior ao modernismo e, por conseguinte, toda a cultura brasileira dessa época, já que esse estilo correspondia ao gosto da moda. Ao satirizar o caráter anacrônico e formal da linguagem da época, escarnece do caráter ultrapassado e solene de nossa cultura urbana em geral.

A perífrase só pode ser construída nas línguas naturais, pois a elasticidade é uma propriedade desses sistemas. Desse modo, não há perífrases visuais.

Machado de Assis diz, em saborosa crônica de 29 de março de 1885, que a perífrase é o tempero do texto:

A segunda foi esta: "O padre, em geral, (disse o sr. vigário Santos) procura as melhores freguesias, nas quais possa subsistir sem o grande ônus de cura d'almas". Desta vez caí no chão. Ao levantar-me, reli o trecho, era aquilo mesmo, sem perífrase. A perífrase é um grande tempero para essas drogas amargas. Se eu chamar tratante a um homem, ele investe para mim; mas se eu lhe disser que o seu procedimento não é adequado aos princípios corretos e sãos que Deus pôs na consciência humana para o seguro caminho de uma vida rigorosamente moral, – quando o meu ouvinte houver desembrulhado o pacote, já eu voltei à esquina. Foi o que o sr. vigário Santos não fez, e podia fazê-lo.
Que o padre, em geral, procure as melhores freguesias, em que possa subsistir, vá; nem todos hão de ser uns S. Paulos, nem os tempos comportam a mesma vida. Mas o que me fez cismar foi este acréscimo: "sem o grande ônus de cura d'almas". Isto, se bem entendo, quer dizer ganhar muito sem nenhum trabalho. Mas, vigário meu, é justamente o emprego que eu procuro, e não acho, há uns vinte e cinco anos, pelo menos. Não cheguei a pôr anúncios, porque acho feio; mas falo a todos os amigos e conhecidos, obtenho cartas de recomendação, palavras doces, e mais nada. Se tiver notícia de algum, escreva-me pelo correio, caixa nº 1712.

84 Figuras de retórica

Uma perífrase que exponha impossibilidades é chamada adínaton (do grego *adýnaton*, "coisa impossível"). A perífrase que segue denota "nunca":

> A terra subirá onde os Céus andam,
> O mar abrasará os Céus e terra,
> O fogo será frio, o Sol escuro,
> A Lua dará dia, e todo o Mundo
> andará ao contrário de sua ordem.
>
> (Antônio Ferreira, "A Castro", ato I, III)

Os adínatons são usados na linguagem cotidiana: Isso acontecerá no dia de São Nunca; quando as galinhas criarem dentes; procurar pelo em ovo; procurar chifre na cabeça de cavalo.

Preterição ou paralipse

Em "Conto da escola", de Machado de Assis, aparece a seguinte passagem:

> Custa-me dizer que eu era dos mais adiantados da escola; mas era. Não digo também que era dos mais inteligentes, por um escrúpulo fácil de entender e de excelente efeito no estilo, mas não tenho outra convicção.

Como se nota, há nela uma incompatibilidade semântica, pois o enunciador diz que não vai dizer que era o mais inteligente da escola, mas o diz e ainda corrobora essa declaração com a oração "não tenho outra convicção".

Trata-se de uma *preterição* (do latim *praeteritio*, que significa "omissão", "falta") ou *paralipse* (do grego *paraleipsis*, que tem o mesmo sentido que a palavra latina), que é o tropo em que se intensifica o sentido, estabelecendo uma oposição entre o que se diz e o que se diz que se diz. É o tropo em que a compatibilidade semântica é criada pela percepção dessa diferença. Nele pretende-se não querer dizer aquilo que, no entanto, é afirmado claramente. Há uma suposta diminuição da extensão do enunciado. No entanto, de fato, a extensão é reduzida apenas no nível do parecer, porque, com efeito, se diz aquilo que se deseja omitir. O que se faz na preterição é enunciar que não se vai tratar um determinado assunto, quando, realmente, é exatamente dele que se está falando. Trata-se de uma difusão semântica, pois a expressão engloba a afirmação do não dizer e do dizer.

Na parte x do *Sermão do Segundo Domingo da Quaresma*, Vieira diz:

> O gentio não sabe que a alma é imortal, nem crê que há outra vida. E, contudo, se lerdes os livros de todos os gentios, nenhum achareis, nem filósofo, nem orador, nem poeta, que só com o lume da razão e experiência do que veem os olhos, não condene o amor ou cobiça dos chamados bens deste mundo, e não louve o desprezo deles. Gentio houve que, reduzindo a dinheiro um grande patrimônio que possuía, o lançou no mar, dizendo: – "Melhor é que eu te afogue, do que tu me percas." – Deixo os risos de Diógenes que, metido na sua cuba, zombava dos Alexandres e

suas riquezas. Deixo a sobriedade dos Sócrates, dos Sênecas, dos Epitetos, e só me admira e deve envergonhar a todo cristão o exemplo do mesmo Epicuro neste conhecimento, sendo ele e a sua seita a que mais professava as delícias: *Gaudebis minus? Minus dolebis* – dizia o cômico gentio, e falando com gentios: – Se tiveres menos gostos, também terás menos dores.

Nesse passo, ao dizer que vai deixar de lado os risos de Diógenes, a sobriedade dos Sócrates, dos Sênecas e dos Epitetos, Vieira fala dos diferentes filósofos que amparam sua tese e, ao mesmo tempo, ressalta as ideias de Epicuro. Machado, no conto "Cantiga de esponsais", faz uma descrição do ambiente e, ao mesmo tempo, incide o foco da enunciação no maestro:

> Imagine a leitora que está em 1813, na Igreja do Carmo, ouvindo uma daquelas boas festas antigas, que eram todo o recreio público e toda a arte musical. Sabem o que é uma missa cantada; podem imaginar o que seria uma missa cantada daqueles anos remotos. Não lhe chamo a atenção para os padres e os sacristães, nem para o sermão, nem para os olhos das moças cariocas, que já eram bonitos nesse tempo, nem para as mantilhas das senhoras graves, os calções, as cabeleiras, as sanefas, as luzes, os incensos, nada. Não falo sequer da orquestra, que é excelente; limito-me a mostrar-lhes uma cabeça branca, a cabeça desse velho que rege a orquestra, com alma e devoção.

A dimensão da preterição é muito variável. Numa crônica de 11 de setembro de 1864, Machado conta todo um episódio da vida de Diógenes, negando que o faça:

> Não vos direi daqui, ó fluminenses, aquilo que dizia o cínico Diógenes, no dia em que se lembrou de clamar em plena rua de Atenas:
> – Ó homens! ó homens!
> E como os atenienses que passavam se reuniam em torno do filósofo, e lhe pergun-tavam o que queria, ele lhes respondeu com a mordacidade do costume:
> – Não é a vocês que eu chamo; eu chamo os homens.
> Não vos direi isso, ó fluminenses, mas confesso que nos primeiros dias da semana tive vontade de dizê-lo, nu e cru, na verdadeira expressão de consciência.

Esse tropo é um hábil recurso para dizer, negando, no entanto, que se esteja dizendo. Por exemplo, quando um candidato diz "Correm muitas histórias sobre o enriquecimento não explicado de familiares do meu rival. Entretanto, oponho-me a fazer campanha com críticas à família do meu adversário". Outro exemplo seria: "Aconselharam-me a falar sobre a vida pessoal do meu oponente. No entanto, não descerei o nível da campanha."

Esse tropo é muito usado na linguagem do dia a dia. Basta atentar para frases começadas por "não é preciso lembrar", "não diria que", "não é necessário explicar que", "longe de mim dizer que", "não vou deter-me na", etc.

É difícil imaginar uma preterição visual. Jacques Durand, porém, diz que um gesto de falso pudor pode ser considerado uma paralipse visual, já que ele sinaliza que não se deseja mostrar aquilo que, realmente, se exibe. Licínio Nascimento de Almeida Júnior considera preterição um anúncio publicitário da Kelkoo, um site de busca para compras on-line, retirado do livro intitulado *Cinquenta anos de vida e propaganda brasileiras* (2000), organizado por Francisco Graciosos e José Roberto Whitaker, em que aparecem duas mulheres nuas ocultando um seio com a mão e o braço e o outro, com um CD. Acima, aparece a legenda "Comparar é natural"; e embaixo, antes do endereço do site, "Compare preços antes de comprar".

Reticência ou aposiopese

Mário Quintana escreveu um curto poema muito interessante:

Da discrição

Não te abras com teu amigo
Que ele um outro amigo tem.
E o amigo do teu amigo
Possui amigos também...

O que é singular nesse poema, na forma de um conselho, é que, no último verso, interrompe-se o que se está dizendo e essa parada do ato enunciativo é marcada por três pontos. No entanto, sabemos perfeitamente como continua esse poema: o teu segredo será conhecido de todos. Nesse caso, o contexto permite-me depreender o que deixou de ser proferido e, por isso, o silêncio fala. O poeta diz sem dizer. O sentido difunde-se pelo não dito.

Temos o procedimento retórico denominado *reticência* (do latim *reticentia*, "ação de guardar alguma coisa dentro de si, de calar-se", palavra formada do radical *tacere*, "calar-se", que aparece em termos, como *tácito*, *taciturno*) ou *aposiopese* (do grego *aposiópesis*, "ação de se interromper, quando se está falando, parar de falar, silêncio"), em que se detém uma afirmação, não se completando o que se estava dizendo. Há, então, uma diminuição da extensão do enunciado, com um consequente aumento de sua intensidade. Trata-se de uma difusão semântica, porque o espaço em branco ganha significado. É mais forte dizer sem dizer do que dizer dizendo. Esse procedimento retórico é marcado na escrita por três pontos. No capítulo v de *Ressurreição*, de Machado de Assis, na seguinte passagem "Naquela idade as paixões são soberanas. Seria inútil querer dissuadi-la, e ainda que não fosse inútil, seria desarrazoado, porque uma viúva moça... Ela amava muito o marido, não?", é mais intenso deixar que o contexto diga que uma viúva moça não seria governada pela paixão a um só homem do que explicitá-lo claramente. Na parte ix do *Sermão da Sexagésima*, Vieira alcança maior veemência em seu juízo negativo sobre os pregadores ao não dizer o que pensava deles por respeito ao lugar sagrado:

> Não é isto farsa a mais digna de riso, se não fora tanto para chorar? Na comédia o rei veste como rei, e fala como rei; o lacaio veste como lacaio, e fala como lacaio; o rústico veste como rústico, e fala como rústico; mas um pregador, vestir como religioso e falar como... não o quero dizer, por reverência do lugar. Já que o púlpito é teatro, e o sermão comédia se quer, não faremos bem a figura? Não dirão as palavras com o vestido e com o ofício?

O Conselheiro Aires, magistral personagem criada por Machado de Assis, era um mestre das reticências. Observe-se como ele usa essa figura e reflete sobre ela:

> Fim de maio
>
> Acaba hoje o mês. Maio é também cantado na nossa poesia como o mês das flores, – e aliás todo o ano se pode dizer delas. A mim custou-me bastante aceitar aquelas passagens de estação que achei em terras alheias.
>
> A viúva Noronha, ao contrário, pelo que me disse na última noite do Flamengo, achou deliciosa essa impressão lá fora, apesar de nascida aqui e criada na roça. Há pessoas que parecem nascer errado, em clima diverso ou contrário ao de que precisam; se lhes acontece sair de um para outro é como se fossem restituídas ao próprio. Não serão comuns tais organismos, mas eu não escrevi que Fidélia seja comum.
>
> A descrição que ela me fez da impressão que teve lá fora com a entrada da primavera foi animada e interessante, não menos que a do inverno com os seus gelos. A mim mesmo perguntei se ela não estaria destinada a passar dos gelos às flores pela ação daquele bacharel Osório... Ponho aqui a reticência que deixei então no meu espírito.

Mário Quintana, com a verve que lhe era peculiar, disse numa entrevista: "Considero que as reticências são a maior conquista do pensamento ocidental, porque evitam as afirmativas inapeláveis e sugerem o que os leitores devem pensar por conta própria, após a leitura do autor." Foi ele também que explicou que "as reticências são os três primeiros passos do pensamento que continua por conta própria o seu caminho". No capítulo VII, de *Lucíola*, de Alencar, o narrador também faz uma reflexão sobre a função das reticências: "Se tivesse agora ao meu lado o Sr. Couto, estou certo que ele me aconselharia para as ocasiões difíceis uma reticência. Com efeito, a reticência não é a hipocrisia no livro, como a hipocrisia é a reticência na sociedade?"

Usamos muito as reticências na linguagem do dia a dia, principalmente para enunciar fórmulas já estabelecidas: "Quem ama o feio..."

90 Figuras de retórica

Machado de Assis escreveu dois capítulos de *Memórias póstumas de Brás Cubas* em que se pode dizer que a aposiopese foi levada ao extremo. Neles, não há nada escrito. O título deixa-nos prever o que deveria ser dito. No capítulo intitulado "O velho diálogo de Adão e Eva", o tamanho dos enunciados indicados por pontos e o jogo da pontuação do final das frases criam um efeito de sentido de sensualidade:

Capítulo LV / O VELHO DIÁLOGO DE ADÃO E EVA

Brás Cubas ....?
Virgília ....
Brás Cubas ....
....
Virgília..!
Brás Cubas...
Virgília...
....?...
....
Brás Cubas ....
Virgília ....
Brás Cubas ....
....!...!
....!
Virgília ....?
Brás Cubas ....!
Virgília ....!

Capítulo CXXXIX / DE COMO NÃO FUI MINISTRO D'ESTADO
....
....
....
....
....

Segundo Jacques Durand, as reticências ocorrem na linguagem visual, quando se oculta um elemento da imagem: por exemplo, quase se exibe uma figura humana com um retângulo negro sobre os olhos, como na publicidade da Urban Outfitters, que lançou os "óculos protetores contra fotos embaraçosas".

Silepse

Nesta passagem do poema "A mesa", de Carlos Drummond de Andrade, observa-se que o verbo *estar* aparece três vezes na segunda pessoa do plural, *estais,* apesar de o sujeito ser a palavra *dois*, que exige o verbo na terceira pessoa do plural. Além disso, ocorre duas vezes *vos*, pronome pessoal oblíquo de segunda pessoa do plural, referindo-se às duas pessoas de que fala o poema:

> Como pode nossa festa
> ser de um só que não de dois?
> Os dois ora estais reunidos
> numa aliança bem maior
> que o simples elo da terra.
> Estais juntos nesta mesa
> de madeira mais de lei
> que qualquer lei da república.
> Estais acima de nós,
> acima deste jantar
> para o qual vos convocamos
> por muito – enfim – vos queremos
> e, amando, nos iludirmos
> junto da mesa
> vazia.

Nesse texto, o poeta dirige-se ao pai, descrevendo como seria um grande jantar mineiro em sua homenagem. Ao reunir a família inteira, mortos e vivos, funde dimensões temporais e espaciais. O poeta está sozinho à mesa, falando com o pai já morto. A mesa condensa a unidade e a dualidade. O poeta resgata a figura materna e, assim, a festa deixa de ser só do pai e passa a ser de dois, o pai e a mãe. Ao incorporar a mãe à festa, confere a ela a dimensão do afeto e, paradoxalmente, essa grandeza conduz ao vazio. A passagem da unidade à dualidade é dada pelo sujeito *dois*. Não poderia o poeta usar apenas o pronome *vós*, pois não teria ele a força de

92 Figuras de retórica

indicar a duplicidade a que ele se endereça. No entanto, ele fala com essa entidade dupla e, por isso, a concordância se faz com a segunda pessoa do plural.

Trata-se do tropo denominado *silepse* (do grego *sýllepsis*, que significa "ação de tomar em conjunto, de reunir, de abraçar, de compreender"), em que a concordância de pessoa, de gênero e de número não se faz com a categoria gramatical expressa (por exemplo, terceira pessoa do plural, gênero feminino, número singular), mas com o que ela denota no contexto, pois ela estará sendo usada com o valor de outra. Trata-se de um tropo, pois existe uma mudança de sentido gramatical, que se percebe por uma impropriedade semântica (no exemplo do poema de Drummond, é a concordância de um verbo na segunda pessoa do plural com um sujeito de terceira do plural). No entanto, quando se dá a uma categoria gramatical o valor de outra (no caso, a terceira do plural indica a segunda do plural), cria-se uma nova compatibilidade sintático-semântica. Essa concentração semântica em que um dado valor sêmico determina o sentido de duas formas diversas gera uma intensificação do sentido.

Exemplos de silepse de pessoa:

> *A gente* não *sabemos* escolher presidente
> *A gente* não *sabemos* tomar conta da gente
> *A gente* não *sabemos* nem escovar os dente
> Tem gringo pensando que nóis é indigente
> Inútil
> *A gente somos* inútil
>
> (Ultraje a rigor) (o verbo na primeira pessoa do plural concorda com um sujeito de terceira pessoa *a gente*, criando um efeito cômico)

> Cuidava eu que era o mais precavido dos meus contemporâneos. A razão é que saio sempre de casa com o *Credo* na boca, e disposição feita de não contrariar as opiniões dos outros. Quem talvez me vencia nisto era o Visconde de Abaeté, de quem se conta que, nos últimos anos, quando alguém lhe dizia que o achava abatido:
> – Estou, tenho passado mal, respondia ele.
> Mas se, vinte passos adiante, encontrava outra pessoa que se alegrava com vê-lo tão rijo e robusto, concordava também:
> – Oh! agora passo perfeitamente.
> Não se opunha às opiniões dos outros; e ganhava com isto duas vantagens. A primeira era satisfazer a todos, a segunda era não perder tempo.
> Pois, senhores, nem *o ilustre brasileiro*, nem *este criado do leitor*, *éramos* os mais precavidos dos homens.
>
> (Machado de Assis, "Bons dias", 27/12/1888) (o verbo *ser* na primeira pessoa do plural do pretérito imperfeito do indicativo (*éramos*) concorda com o sujeito composto de terceira pessoa, *ilustre brasileiro* e *este criado do leitor*)

Lá estive na casa Aguiar. Não falamos de coisas velhas nem de coisas novas, mas só das futuras. No fim da noite adverti que *falávamos todos*, menos o casal recente; esse, depois de algumas palavras mal atadas, entrou a dizer de si mesmo, um dizer calado, espraiado e fundido. De quando em quando os dois davam alguma sílaba à conversação, e logo tornavam ao puro silêncio. Também tocaram piano. Também foram falar entre si ao canto da janela. Sós *os quatro velhos, – o desembargador com os três, – fazíamos* planos futuros.

(*Memorial de Aires*, de Machado de Assis, 30/6/1889)

O povo do Iguatu é gente altiva, detesta ser tomado por bobo, ou pior ainda, por matuto. Aliás *todos os sertanejos somos* assim; sertanejo não "se admira" de nada, por princípio, por compostura.

(Crônica "O homem e suas obras" do livro *O caçador de tatu*, de Rachel de Queiroz)

Dizem que os *cariocas somos* pouco dados aos jardins públicos. Talvez este busto emende o costume; mas, supondo que não, nem por isso perderão os que só vierem contemplar aquela fronte que meditou páginas tão magníficas.

(Discurso "Gonçalves Dias, discurso lido no Passeio Público, ao inaugurar-se o busto de Gonçalves Dias", de Machado de Assis, publicado no livro *Relíquias de casa velha*)

– Basta, minha filha, basta! Não fale mais. Você ganhou o seu presente de natal. Papai vai rasgar o romance.
Corri ao meu escritório, agarrei o maço dos originais, ajuntei cópias à máquina, voltei com a papelama ao quarto de minha filha. E *os dois*, ali no quarto, *picamos* em mil pedaços as trezentas páginas do livro.

(Quarta parte, intitulada "Outubro", do segundo capítulo do livro *Confiteor*, de Paulo Setúbal)

Depois, o café com bolacha seca, um café que me fez saudades das tapiocas e dos cuscuzes do Santa Rosa. E *todos seguimos* para o salão de estudos.

(Capítulo I de *Doidinho*, de José Lins do Rego) (note-se também que aqui ocorre uma silepse de gênero, pois Santa Rosa, nome do engenho, recebe um artigo masculino)

Enfim, lá em São Paulo, *todos éramos* felizes graças ao seu trabalho: Laio, o menino, os leitores e eu – e você em Minas não era infeliz.

(Crônica "Crime (de plágio) perfeito", em *200 crônicas escolhidas,* de Rubem Braga)

Vendo as pequenas gravuras inglesas, que pendiam da parede por cima dos dois bronzes, Rubião pensou na bela Sofia, mulher do Palha, deu alguns passos, e foi sentar-se no *pouf*, ao centro da sala, olhando para longe...
– Foi ela que me recomendou aqueles dois quadrinhos, quando *andávamos os três*, a ver coisas para comprar.

(Capítulo III de *Quincas Borba*, de Machado de Assis)

Os fortes Lusitanos lhe tornavam
As discretas respostas, que convinham:
"Os *Portugueses somos* do Ocidente,
Imos buscando as terras do Oriente"

(*Os Lusíadas*, I, 50, 5-8)

Esta ilha pequena, que habitamos,
em toda esta terra certa escala
De *todos os que* as ondas *navegamos*
De Quíloa, de Mombaça e de Sofala;
E, por ser necessária, *procuramos*,
Como próprios da terra, de habitá-la

(*Os Lusíadas*, I, 54, 1-6)

Senhores, *os que somos* de terra *deixemos* repousar os navegantes

(Cena II do ato III de *Um auto de Gil Vicente*, de Almeida Garrett)

Silepse de gênero:

Como uma procissão espectral que se move...
Dobra o sino... Soluça um verso de Dirceu...
Sobre *a triste Ouro Preto* o ouro dos astros chove

(Última estrofe do soneto "Vila Rica", de Olavo Bilac) (a concordância entre o artigo e o substantivo *Ouro Preto*, que, do ponto de vista da expressão, é masculino, se faz com o feminino)

Quando a *gente* é *novo*, gosta de fazer bonito, gosta de se comparecer.

(Guimarães Rosa, "São Marcos", em *Sagarana*) (o masculino *novo* concorda com o substantivo *gente*)

Preferir a tudo a riqueza; se *Vossa Excelência* fosse pobre, apesar de todo o seu merecimento, duvido que conseguisse ser *amado*; *rico* porém como é, pode contar com o amor de Dona Leonina.

(Cena V do ato II de *Luxo e vaidade*, de Joaquim Manuel de Macedo) (frase de Fabiana ao Comendador Pereira em que se usam os adjetivos masculinos *amado* e *rico*, referindo-se ao pronome de tratamento *Vossa Excelência*, formado com um substantivo feminino)

Se se conta! Dona Leonina não cabe em si de contente: e os pais então! Esses estão entusiasmados: excelente família! É o céu que lhe depara este casamento. Senhor comendador, *Vossa Excelência* está *destinado* a ser o salvador desta honrada gente, porque o senhor Maurício, segundo dizem, deve tanto... tanto... que terá de sofrer alguma horrível desgraça, se lhe não valer um genro dedicado e generoso.

(cena V do ato II de *Luxo e vaidade*, de Joaquim Manuel de Macedo) (frase de Fabiana ao Comendador Pereira em que se utiliza o particípio masculino *destinado*, concordando com o pronome de tratamento *Vossa Excelência*, formado com um substantivo feminino)

– *Vossa Senhoria* está então muito *admirado* do bairro? disse ele. Há de deixar que eu não acredite, sem se zangar, que não é para ofender a *Vossa Senhoria*, nem eu sou pessoa que agrave um freguês sério; mas não creio que esteja *admirado* do bairro.

(Capítulo LXXXIX de *Quincas Borba*, de Machado de Assis) (*admirado* refere-se a *Vossa Senhoria*)

Estas figuras todas que aparecem,
Bravos em vista e feros nos aspectos,
Mais bravos e mais feros se conhecem,
Pela fama, nas obras e nos feitos

(*Os Lusíadas*, VIII, 2, 1-4) (*bravos* e *feros* referem-se a *figuras*, pois todas elas eram de homens)

Silepse de número:

Tangi a pedra, e logo senti que pusera no ato notável excesso de força muscular. O projétil bateu musical na água, e deve ter caído bem no meio da flotilha de marrecos, que grasnaram: – *Quaquaracuac!* O *casal de patos* nada disse, pois a voz das ipecas é só um sopro. Mas *espadanaram*, *ruflaram* e *voaram* embora.

(Guimarães Rosa, conto "São Marcos", em *Sagarana*) (os verbos *espadanaram*, *ruflaram* e *voaram*, no plural, concordam com o sujeito singular, do ponto de vista da expressão, *casal de patos*)

– E *o povo de Maravalha*? Perguntava ele aos canoeiros.
– *Estão* em São Miguel. Mas o capitão Joca ficou.

(José Lins do Rego, *Menino de engenho*, 80 ed., Rio de Janeiro, José Olympio, 2001, p. 42) (a forma verbal plural *estão* concorda com o sujeito singular *o povo de Maravalha*)

Destarte o Mouro, atônito e torvado,
Toma sem tento as armas mui depressa;
Não foge, mas espera confiado,
E o ginete belígero arremessa.
O Português o encontra denodado
Pelos peitos as lanças lhe atravessa;
Uns caem meios mortos, e *outros* vão
A ajuda convocando do Alcorão

(*Os Lusíadas*, III, 50) (nessa estrofe em que se narra a batalha de Ourique, os termos *mouro* e *português* são tomados com o valor genérico; *uns* e *outros* referem-se a mouro)

Outra coisa que não escrevi foi a alusão que ela fez à gente Aguiar, um *casal* que conheci a última vez que vim, com licença, ao Rio de Janeiro, e agora encontrei. *São* amigos dela e da viúva, e *celebram* daqui a dez ou quinze dias as suas bodas de prata. Já *os* visitei duas vezes e o marido a mim. Rita falou-me *deles* com simpatia e aconselhou-me a ir cumprimentá-*los* por ocasião das festas aniversárias.

(*Memorial de Aires*, de Machado de Assis, 12/1/1888) (as formas verbais *são* e *celebram* concordam com *casal*; a esse termos remetem os pronomes *os*, *deles* e *los*)

Era a noite dos círios. Percorria
as ruas muita gente com lanternas.
Tocavam e dançavam

(Primeira estrofe do soneto *Lanternas*, de Jorge de Lima) (as formas verbais no plural *tocavam* e *dançavam* concordam com o sujeito *muita gente*)

Chegado, porém, à conclusão deste livro, *por-lhe-emos* remate com uma reflexão.

(Alexandre Herculano, última página do tomo v da *História de Portugal*) (*Chegado* concorda com *nós*)

Pio ix mesmo é quem o diz: "A própria concessão das garantias a que aludimos, acaso não será uma estrondosa prova de que pretendem-nos impor leis a nós, a quem Deus fez mercê da atribuição de legislar na ordem moral e religiosa, a *nós*, que fomos instituídos *intérprete* do direito natural e divino em toda a amplidão do universo?"

(Décima quarta nota da sexta parte da introdução do tradutor à obra *A questão religiosa. O papa e o concílio*, de Rui Barbosa) (*intérprete* concorda com *nós*)

Enálage

No último terceto do soneto "Sete anos de pastor", de Camões, três fatos gramaticais chamam atenção: o presente do indicativo *começa* no lugar do pretérito perfeito *começou*; o pretérito mais que perfeito do indicativo *servira* em vez do futuro do pretérito *serviria* e o pretérito mais que perfeito do indicativo *fora* em substituição ao pretérito imperfeito do subjuntivo *fosse*:

> Começa de servir outros sete anos,
> Dizendo: – Mais servira, se não fora
> Pera tão longo amor tão curta a vida!

Como o soneto é narrado no pretérito ("Sete anos de pastor Jacob servia/ Labão, pai de Raquel, serrana bela;/ Mas não servia ao pai, servia a ela,/ E a ela só por prêmio pretendia"), o presente do indicativo *começa* está sendo usado no lugar do pretérito perfeito *começou*, para num movimento, como que de *zoom*, aproximar o narrado da instância da narração; o pretérito mais que perfeito *servira* em vez do futuro do pretérito *serviria* condensa todo o amor de Jacó por Raquel, pois considera acabado aquilo que seria ainda realizado, tão certo estava ele de fazer o que fosse necessário para ter a mão da amada; o indicativo *fora* em vez do subjuntivo *fosse* também modaliza epistemicamente pela certeza seu amor.

Observe-se que uma categoria gramatical é usada no lugar de outra para produzir determinados efeitos de sentido. Trata-se de um tropo em que se altera o sentido gramatical. Como qualquer tropo, nota-se uma impropriedade semântica, pois, no lugar de pretérito perfeito, por exemplo, o poeta utiliza um presente do indicativo. A impropriedade é condição de desenvolvimento de uma nova propriedade. Ocorre um ajustamento semântico. Assim, não se substitui um sentido por outro (por exemplo, o do subjuntivo pelo do indicativo), mas há uma tensão entre eles, criando-se um novo sentido. Trata-se, pois, de uma expansão semântica.

Esse tropo é a *enálage* (do grego *enallagé*, que significa "troca, permutação, transposição"), que é o uso de uma categoria gramatical por outra (um número por outro, um gênero por outro, uma pessoa por outra, um tempo por outro, um modo por outro, uma voz por outra, uma classe por outra, etc.).

Outros exemplos:

Emprego de um tempo por outro:

> A convalescença de Lívia foi mais rápida do que se devera esperar.
>
> (Capítulo XXIII de *Ressurreição*, de Machado de Assis) (pretérito mais que perfeito *devera* pelo futuro do pretérito *deveria*)

> Creio que a letra, destinada a picar a vaidade das crianças, foi que a enojou agora, porque logo depois me disse:
> – Se eu fosse rica, você fugia, metia-se no paquete e ia para a Europa.
>
> (Capítulo XVIII de *Dom Casmurro*, de Machado de Assis) (pretérito imperfeito *fugia*, *metia* e *ia* pelo futuro do pretérito *fugiria*, *meteria* e *iria*)

> Eu perdera chorando essas coroas
> Se eu morresse amanhã!
>
> (Segunda estrofe do poema "Se eu morresse amanhã", de Álvares de Azevedo) (pretérito mais que perfeito *perdera* pelo futuro do pretérito *perderia*)

> Estas praias, bosques, fontes,
> Eu os conheço – são meus!
>
> Mais os amo quando volte,
> Pois do que por fora vi,
> A mais querer minha terra,
> E minha gente aprendi.
>
> (Duas últimas estrofes do poema "Minha terra", de Gonçalves Dias) (presente do indicativo *amo* pelo futuro do presente *amarei*; presente do subjuntivo *volte* pelo futuro do presente do subjuntivo *voltar*)

> Pátria do meu amor! terra das glórias
> Que o gênio consagrou, que sonha o povo...
> Agora que murcharam teus loureiros
> Fora doce em teu seio amar de novo...
>
> (Quinta estrofe da segunda parte do poema "Itália", de Álvares de Azevedo) (pretérito mais que perfeito *fora* pelo futuro do pretérito *seria*)

Uso de um modo por outro:

Ia assim andando, sem cuidar que a visse alguém, tão serena e grave, como se atravessara um salão. Estevão, que não tirava os olhos dela, mentalmente pedia ao Céu a fortuna de a ter mais próxima, e ansiava por vê-la chegar à rua que lhe ficava diante.

(Capítulo III de *A mão e a luva*, de Machado de Assis) (pretérito mais que perfeito do indicativo *atravessara* pelo pretérito imperfeito do subjuntivo *atravessasse*)

– Vejam como Deus escreve direito por linhas tortas, pensa ele. Se mana Piedade tem casado com Quincas Borba, apenas me daria uma esperança colateral. Não casou; ambos morreram, e aqui está tudo comigo; de modo que o que parecia uma desgraça...

(Capítulo I de *Quincas Borba*, de Machado de Assis) (pretérito perfeito composto do indicativo *tem casado* pelo pretérito mais que perfeito do subjuntivo *tivesse casado*)

Utilização de uma pessoa por outra:

Falta algo? "Sim", diz Pelé. A devida homenagem ao pai, já falecido, por um recorde que o camisa 10 lamenta nunca ter conseguido bater. "O Dondinho fez cinco gols de cabeça em um único jogo, nos anos 40. O Pelé não passou de dois."

(*Veja*, 2/5/2012, p. 80-81) (Pelé usa Pelé, forma de 3ª pessoa, por eu)

Emprego de uma voz por outra:

Sofrerá suas cidades e lugares,
Com ferro, incêndios, ira e crueldade,
Ver destruir do Samorim potente,
Que tais ódios terá co'a nova gente.

(*Os Lusíadas,* X, 11, 5-8) (voz ativa *destruir* pela passiva *ser destruído*: Ele sofrerá ver serem destruídos, com ferro, incêndio, ira e crueldade, suas cidades e lugares pelo Samorim potente)

Rubião, de quando em quando, sentava-se no lajedo, e o cão trepava-lhe às pernas, para dormir a fome; achava as calças molhadas, e descia; mas tornava logo a subir, tão frio era o ar da noite, já noite alta, já noite morta.

(Capítulo CXCVII de *Quincas Borba*, de Machado de Assis) (voz ativa *dormir* pela voz causativa *fazer dormir*)

Uso de um gênero por outro:

Estas causas moviam Citereia,
E mais, porque das Parcas claro entende
Que há de ser celebrada a clara Deia
Onde a gente belígera se estende.
Assi que, um, pela infâmia que arreceia,

E o outro, pelas honras que pretende,
Debatem, e na perfia permanecem;
A qualquer seus amigos favorecem.

(*Os Lusíadas*, I, 34) (masculino pelo feminino: um (5º verso) refere-se a Baco e outro
(6º verso), à Vênus; a palavra *deus* determina a concordância)

Utilização de um número por outro:

De[s]pois de ter um pouco revolvido
Na mente o largo mar que navegaram,
Os trabalhos que pelo Deus nascido
Nas Anfiônias Tebas se causaram,
Já trazia de longe no sentido,
Pera primo de quanto mal passaram,
Buscar-lhe algum deleite, algum descanso,
No Reino de cristal, líquido e manso.

(*Os Lusíadas,* IX, 19) (plural anfiônias pelo singular anfiônia; Tebas é chamada de anfiônia,
porque o poeta Anfion concorreu para sua fundação)

Oh, ditoso Africano, que a demência
Divina assi tirou de escura treva,
E tão longe da pátria achou maneira
Pera subir à pátria verdadeira!

(*Os Lusíadas*, IX, 15, 5-8) (uso do singular *treva* pelo plural *trevas*)

Isto Mercúrio disse, e o sono leva
Ao Capitão, que com mui grande espanto
Acorda, e vê ferida a escura treva
De uma súbita luz e raio santo.

(*Os Lusíadas*, II, 64, 1-4) (uso do singular *treva* pelo plural *trevas*)

Emprego de uma classe de palavra por outra:

Era uma vez uma agulha, que disse a um novelo de linha:
– Por que está você com esse ar, toda cheia de si, toda enrolada, para fingir que
vale alguma coisa neste mundo?

("Um apólogo", de Machado de Assis) (pronome indefinido *toda* usado como advérbio com
significado de "completamente")

Quando apareciam as barbas e o par de bigodes longos, uma sobrecasaca bem justa,
um peito largo, bengala de unicórnio, e um andar firme e senhor, dizia-se logo que
era o Rubião, – um ricaço de Minas.

(Capítulo CXXXIII de *Quincas Borba*, de Machado de Assis) (o substantivo *senhor* tem
valor adjetivo)

Mais vale um toma que dois te darei.

(Provérbio) (as formas verbais *toma* e *te darei* são empregadas como substantivos)

Ontem já foi, amanhã não é chegado;
hoje está indo sem parar num ponto:
sou um foi e um será, e um é cansado.

Em hoje, amanhã e ontem, junto
em fralda e mortalha, e fiquei sendo
presentes sucessões de um defunto.

(Quevedo) (as formas verbais *foi*, *será* e *é cansado* funcionam como substantivo)

Utilização de um esquema argumental por outro:

Eu já não sou quem era;
O que eu sonhei, morri-o;
Amanhã direi, "quem dera
Volver a sê-lo!..." Mais frio
O vento vago voltou.

(Última estrofe do poema "No entardecer da terra", de Fernando Pessoa) (emprego do verbo intransitivo *morrer* como transitivo direto)

– e diz-me o Pimentel numa carta tão triste:
enquanto dormias a tua solidão
e estavas morto e sereno pela manhã alta

(Poema "À memória de Adolfo Casais Monteiro", de Jorge de Sena) (uso do verbo intrasitivo *dormir* como transitivo direto)

Na teoria da enunciação desenvolvida pela semiótica francesa, o uso de uma categoria da enunciação por outra (uma pessoa por outra, um tempo por outro, um marcador de espaço por outro) recebe o nome de embreagem. Assim, temos embreagem actancial, embreagem temporal e embreagem espacial. Quando se dá a troca no interior de uma dada categoria, ocorre uma embreagem homocategórica:

"Tenho uma voz conhecida, então não é qualquer narrador, é o Falabella contando a história", diz o modesto autor-locutor (= Miguel Falabella)

(*Veja*, 11/1/2012, p. 109) (embreagem actancial: terceira pessoa *Falabella* pela primeira *eu*)

Não, não é preciso. Demais, Quincas Borba não vai, e não o confio a outra pessoa, senão a você. Deixo a casa como está. Daqui a um mês estou de volta. Vou amanhã; não quero que ele pressinta a minha saída. Cuide dele, Rubião.

(Capítulo VIII de *Quincas Borba*, de Machado de Assis) (embreagem temporal: presente do indicativo *estou* e *vou* pelo futuro do indicativo *estarei* e *irei*)

102 Figuras de retórica

– [...] E aqui estou. Soube que andou soldado na minha casa.

– É o que a comadre me disse.

– Eu só queria estar lá para receber estes cachorros a chicote.

– Tu não cria juízo, Vitorino – gritou a mulher.

(Final do segundo capítulo da terceira parte de *Fogo morto*, de José Lins do Rego) (embreagem espacial: demonstrativo *estes* com o valor de *aqueles*)

Uma embreagem heterocategórica é quando se expressa o tempo com uma palavra referente ao espaço, a pessoa com um termo relativo ao tempo e assim sucessivamente:

– Estórias de antigamente é assim que já foram há muito tempo?

– Sim, filho.

– Então antigamente é um tempo, Avó?

– Antigamente é um lugar.

– Um lugar assim longe?

– Um lugar assim dentro.

(Última página do romance *AvóDezanove e o segredo do soviético*, de Ondjaki)

Metalepse

Neste trecho de Joaquim Manuel de Macedo, a expressão *esquecer os favores que recebera de Liberato* significa "ser ingrato":

> Egoísta e frio especulador, descrente em religião, alheio às noções do dever, desdenhando dos brasileiros em refalsado segredo, ambicioso de riqueza, escondendo nas dobras do agrado pérfido, nas artimanhas da docilidade, da condescendência, das magias da música, nas teias sutis do espírito vivo e travesso a baixa urdidura da lisonja, da adulação, do servilismo, para achar protetores, ganho mais fácil e fundamento de fortuna, Souvanel não hesitou em abusar da confiança de seus hóspedes, *em esquecer os favores que recebera de Liberato*; mas cauteloso, dissimulado, traiçoeiro, laborou no mistério de rápidas e fugitivas provocações de amor, de confidências velozes de apaixonado extremo, e de paciente, lenta e hábil propinação do veneno da sedução.
>
> (Capítulo XX da novela "Lucinda, a mucama" do livro *As vítimas algozes*)

Trata-se do tropo denominado *metalepse*, do grego *metálepsis*, que significa "troca, permutação", em que o antecedente (no exemplo acima, *esquecer os favores*) é tomado pelo consequente (no caso, *ser ingrato*) ou vice-versa. Empregar o antecedente pelo consequente é uma variação do uso da causa pelo efeito. Isso significa, portanto, que a metalepse é um tipo de metonímia. Temos, como na metonímia, uma difusão semântica: um valor semântico transfere-se de um elemento a outro, numa dispersão sêmica. Com isso, no eixo da intensidade, dá-se uma velocidade maior ao sentido, acelerando-o, pois, ao enunciar, por exemplo, um consequente, já se enuncia também o antecedente, eliminando passos enunciativos. Ao dar ao sentido aceleração, a metalepse intensifica-o. O que estabelece uma compatibilidade entre os dois sentidos, assim como na metonímia, é uma contiguidade, ou seja, uma proximidade, uma vizinhança, um contato.

No exemplo que segue, retirado do conto "Anedota de cabriolet", de Machado de Assis, *chegaram há quinze dias* quer dizer *estão aqui há quinze dias*:

104 Figuras de retórica

Tudo o que dissesse respeito ao comendador seria ouvido por ele com interesse.
– Não morreram, nem sei se escaparão; quando menos, ela creio que morrerá, concluiu Brito.
– Parecem bem mal.
– Ela, principalmente; também é a que mais padece da febre. A febre os pegou aqui em nossa casa, logo que chegaram de Campinas, há dias.
– Já estavam aqui?, perguntou o sacristão, pasmado de o não saber.
– Já; *chegaram há quinze dias – ou quatorze*. Vieram com o meu sobrinho Carlos e aqui apanharam a doença...

Neste passo do *Memorial de Aires,* de Machado de Assis *cabelos brancos* (consequente) indica a *velhice* (antecedente), como mostra o contexto:

Nem dirá; nem lho pergunte. O melhor é crer que eu, *com os meus cabelos brancos*, ajudei a encher o tempo. A senhora não sabe o que podem dizer três velhos juntos, se alguma vez sentiram e pensaram alguma coisa.

(22/9/1888)

O importante, no entanto, não é distinguir vários tipos de metonímia, dando, num furor denominatório, um nome para cada um deles. No caso da metalepse, o que é significativo é verificar o alcance que Gerard Genette, nos livros *Figures III* (1972: 244) e *Metalepse*, deu a esse tropo na teoria da narrativa. Para ele, uma metalepse é a mudança de um actante de um nível enunciativo para outro, é uma permutação de uma instância narrativa para outra. Deixa, pois, de ser um tropo lexical e passa a ser um tropo gramatical.

Há três níveis enunciativos. Num primeiro, os parceiros da comunicação são o autor, enunciador, e o leitor, enunciatário. Não se trata do autor e do leitor de carne e osso, mas de uma imagem de autor e de leitor construída pela obra. No segundo, aparecem o narrador, aquele que conta a história, e o narratário, aquele leitor inscrito no texto, a quem o narrador se dirige (por exemplo, "Não falo eu, leitor; transcrevo apenas fielmente as imaginações do namorado; fixo nesta folha de papel os voos que ele abria por esse espaço fora, única ventura que lhe era permitida" (capítulo XVI de *A mão e a luva*, de Machado de Assis)). A expressão "narrador em terceira pessoa" é muito imprecisa, pois a terceira pessoa não enuncia. Quem fala é sempre a primeira pessoa. Por isso, o narrador é sempre uma primeira pessoa. O que se denomina "narração em terceira pessoa" é o procedimento composicional em que o narrador não se projeta no texto, mas, ao contrário, afasta-se dele, deixando como que os fatos se narrarem a si mesmos.

No terceiro nível enunciativo, temos personagens falando em discurso direto: são o interlocutor e o interlocutário. Além disso, é preciso levar em conta que temos história dentro de história: por exemplo, uma personagem de uma dada história começa a contar outra história.

A metalepse é uma mudança de um nível enunciativo a outro (por exemplo, o narrador coloca-se como enunciador-autor, uma personagem de uma história entra na outra). No filme *A rosa púpura do Cairo*, de Woody Allen (1985), o galã dos filmes americanos de final feliz, a que ia assistir a dona de casa maltratada pelo marido, sai da tela e vai viver com a espectadora de seus filmes uma história de amor. Na peça *Seis personagens à procura de autor*, de Luigi Pirandello (1921), relata-se um ensaio de teatro, que é invadido por seis personagens que, rejeitadas por seu criador, tentam convencer o diretor da companhia a encenar suas vidas, tornando-se autor. Em *Poderosa Afrodite*, de Woody Allen, coros, à maneira dos que atuam nas tragédias gregas, ligam a história da criança adotada, Max, à de Édipo. No conto "Continuidade dos parques", de Cortázar, um homem é assassinado por uma personagem de um romance que está lendo. Nesses casos, a ilusão referencial desfaz-se, criando um sentido muito intenso. Nesses casos, também se toma um antecedente (a história primeira) por um consequente (a história segunda) ou vice-versa.

Além da mudança de nível narrativo, podem-se embaralhar os níveis enunciativos. Isso ocorre, quando um actante de um nível narrativo se apresenta como de outro. No capítulo 14 do romance *Barroco tropical*, de José Eduardo Agualusa, o narrador, ao citar outro romance do autor, coloca-se no nível enunciativo do enunciador: "Viver numa cidade como Luanda exige a paciência de um domador de camaleões (sim, dei esse título ao meu terceiro romance como metáfora para a paciência)." No capítulo 7 da mesma obra, o autor aparece como personagem: "Pôs-se a cantar a meia voz uma das canções mais conhecidas de Kianda, com letra do Agualusa e música do cantor e compositor luso-moçambicano João Afonso." Neste passo do capítulo XC de *Quincas Borba*, de Machado de Assis, o narrador faz do narratário um elemento ativo da narração:

> Oh! precaução sublime e piedosa da natureza, que põe uma cigarra viva ao pé de vinte formigas mortas, para compensá-las. Essa reflexão é do leitor. Do Rubião não pode ser. Nem era capaz de aproximar as coisas, e concluir delas – nem o faria agora que está a chegar ao último botão do colete, todo ouvidos, todo cigarra... Pobres formigas mortas!

Aqui também se toma um antecedente por um consequente ou vice-versa: o enunciador é antecedente do narrador, pois é ele quem o cria; o narrador é antecedente do interlocutor, pois é ele que lhe dá a palavra, mas é consequente do enunciador e assim sucessivamente.

As metalepses são chamadas, na teoria da enunciação desenvolvida pela semiótica francesa, embreagens de pessoa.

Hendíade

Neste passo de *Os Lusíadas*, diz-se que as damas se vestem de cores e de sedas, ou seja, de sedas coloridas e também de joias e de ouro, isto é, de joias de ouro:

> Já as damas têm por si, fulgente e armado,
> O Mavorte feroz dos Portugueses;
> Vestem-se elas de cores e de sedas,
> De ouro e de joias mil, ricas e ledas
>
> (VI, 58, 5-8)

Troca-se um substantivo + adjetivo ou determinante introduzido por preposição por dois substantivos ligados por *e*. A expressão do adjetivo *coloridas* pelo substantivo *cores* dá a essa característica das roupas uma intensidade toda especial; a mesma coisa ocorre quando se transforma *ouro* num termo coordenado a *joias*.

Trata-se da figura denominada *hendíade* ou *hendíadis*, palavra formada do grego: *hen,* nominativo neutro do numeral *heis*, que significa "um"; da preposição *diá*, que denota "por meio de"; *dyoîn*, genitivo do numeral *dýo*, que quer dizer "dois". É uma função sintática expressa por duas, já que o constituinte com um só núcleo é transposto para dois núcleos. Há uma tensão entre coordenação e subordinação. A concentração de sentido em torno de um núcleo espalha-se por mais de um núcleo.

No episódio do Velho do Restelo, em *Os Lusíadas*, ocorre o seguinte passo:

> Mas ó tu, geração daquele insano,
> Cujo pecado e desobediência,
> Não somente do reino soberano
> Te pôs neste desterro e triste ausência
>
> (IV, 98, 1-4) (pecado e desobediência = pecado de desobediência)

Nesta outra passagem, uma referência à muralha da China, considerada inacreditável (= nunca crido), *muro e edifício* correspondem a *muro edificado*:

Olha o muro e edifício nunca crido,
Que entre um império e o outro se edifica,
Certíssimo sinal, e conhecido,
Da potência real, soberba e rica.

(x, 130, 1-4)

Nesta outra passagem, *o Indo Hidaspe e terra ardente* são *a terra ardente da Índia*:

E já que de tão longe navegais,
Buscando o Indo Hidaspe e terra ardente,
Piloto aqui tereis, por quem sejais
Guiados pelas ondas sabiamente.

(i, 55, 1-4)

Figuras de repetição de sons ou de morfemas: aliteração, assonância, parequema, homeoteleuto, homeoptoto

No texto que segue, o poema "Os sinos", de Manuel Bandeira, observamos que as rimas, as onomatopeias, a reiteração do som /b/, enfim, o plano da expressão (o dos sons) tornam sensíveis os significados, pois não apenas entendemos que os sinos soam pelos mortos e pelos vivos, mas percebemos essa oposição na tessitura fônica do poema, onde o /em/ sugere o som metálico e alegre "pelos que inda vêm" (o dobre para anunciar os batizados) e o /ão/, o som plangente do toque de finados "pelos que lá vão" (o dobre para noticiar os enterros). O /im/, que não indica nem a alegria do nascimento nem a tristeza da morte, expressa dúvida e angústia ("Sino do Bonfim, baterás por mim?"). O plano sonoro recria sensorialmente o bimbalhar dos sinos.

> Sino de Belém,
> Sino da Paixão...
>
> Sino de Belém,
> Sino da Paixão...
>
> Sino do Bonfim!...
> Sino do Bonfim...
>
>   *
>
> Sino de Belém, pelos que inda vêm!
> Sino de Belém bate bem-bem-bem.

110 Figuras de retórica

Sino da Paixão, pelos que lá vão!
Sino da Paixão bate bão-bão-bão.

Sino do Bonfim, por quem chora assim?...

Sino de Belém, que graça ele tem!
Sino de Belém bate bem-bem-bem-bem.

Sino da Paixão, – pela minha irmã!
Sino da Paixão, – pela minha mãe!

Sino do Bonfim, que vai ser de mim?...

*

Sino de Belém, como soa bem!
Sino de Belém bate bem-bem-bem.

Sino da Paixão... Por meu pai?... – Não! Não!...
Sino da Paixão bate bão-bão-bão.

Sino do Bonfim, baterás por mim?...

Normalmente, quando lemos um texto não prestamos muita atenção ao plano sonoro, ele serve apenas de veículo para o significado. Nos textos utilitários (por exemplo, o verbete de uma enciclopédia sobre sinos), o que nos interessa é o conteúdo. É como se atravessássemos os sons para chegar ao sentido. No entanto, os textos poéticos recriam o significado no significante, tornam o conteúdo sensível na expressão sonora. Na leitura, há uma demora no significante, presta-se atenção a ele. O poeta Paul Valéry diz que o que distingue o texto poético do utilitário é que, quando se resume este, apanha-se o essencial; quando se resume aquele, perde-se o essencial (1991: 217). Quando se mostra o conteúdo, de maneira sensível, ele é intensificado.

O procedimento básico para expressar o sentido no plano sonoro é a repetição. Nesta estrofe do poema "A moenda", de Antônio da Costa e Silva, a reiteração da consoante vibrante /r/ torna sensível o ruído da moenda:

Ringe e range, rouquenha, a rígida moenda;
e, ringindo e rangendo, a cana a triturar,
parece que tem alma, adivinha e desvenda
a ruína, a dor, o mal que vai, talvez, causar...

Recebe o nome de *aliteração*, palavra formada a partir do latim *littera*, "letra", a repetição de fonemas consonânticos ou de traços fônicos consonânticos (por exemplo, oclusividade, bilabialidade, lateralidade, etc.). No início de "I-Juca Pirama", de Gonçalves Dias, repetem-se consoantes oclusivas (no caso, /t/, /d/, /b/, /k/), que, por seu caráter momentâneo e explosivo, sugerem a batida dos tambores na festa indígena:

> No meio das tabas de amenos verdores,
> Cercadas de troncos – cobertos de flores,
> Alteiam-se os tetos d'altiva nação.

No poema "Hero", de Raimundo Correia, a aliteração do /r/ imita os raios propagando-se pelo céu. A estrofe começa com ausência de /r/ na primeira metade do primeiro verso, mostrando que não há raios no céu; depois, eles vão ocorrendo e aumentando de quantidade; o último verso indica uma sucessão rápida de raios:

> Descamba a noite; ríspido farfalha
> Crebo, o tufão; ferve o Helesponto irado,
> E o céu da Grécia torvo e carregado
> Rápido o raio rútilo retalha...

Na terceira estrofe da quarta parte de "I-Juca Pirama", a reiteração do som sibilante /s/, em sua duratividade, imita a passagem do vento e seu ruído:

> Nas ondas mendaces
> Senti pelas faces
> Os silvos fugaces
> Dos ventos que amei.

Assonância, termo composto a partir do latim *sonus*, "som", é a reiteração da mesma vogal ou do mesmo traço fônico vocálico (por exemplo, nasalidade, centralidade, fechamento, etc.). Na primeira estrofe da terceira parte de "O caçador de esmeraldas", de Olavo Bilac, a repetição de vogais nasais, com sua duração maior do que a das orais (assim como a de consoantes nasais), transmite a ideia de um vagaroso transcorrer da agonia do bandeirante:

> Fernão Dias Pais Leme agoniza. Um lamento
> Chora longo, a rolar na longa voz do vento.
> Mugem soturnamente as águas. O céu arde.

112 Figuras de retórica

> Trasmonta fulvo o sol. E a natureza assiste,
> Na mesma solidão e na mesma hora triste,
> À agonia do herói e à agonia da tarde.

No último verso desta passagem do poema "Um trecho de Th. Gautier", de Olavo Bilac, a assonância da vogal /a/ imita o ruído das patas dos hipopótamos batendo compassadamente no chão:

> e hipopótamos broncos
> De túmido focinho e orelhas eriçadas,
> Batem pausadamente as patas compassadas.

Na terceira estrofe do poema "Sonho", de Olavo Bilac, a repetição da vogal /a/, principalmente, no último verso, denota alegria, claridade:

> Há por tudo a alegria e o rumor de um noivado.
> Em torno a cada ninho anda bailando uma asa.
> E, como sobre um leito um alvo cortinado,
> Alva, a luz do luar cai sobre a tua casa.

Parequema (do grego *paréchema*, que significa "sucessão de sons similares") é a figura em que se termina uma palavra com a mesma sílaba com que começa a seguinte. Nestes versos do poema "Lésbia", de Cruz e Sousa, a parequema forma como que uma onomatopeia da risada: "Nesse lábio mordente e convulsivo,/ *Ri, ri ri*sadas de expressão violenta."

Homeoteleuto, palavra formada do grego *hómoios*, "semelhante", e *teleuté*, "fim", é a igualdade sonora da parte final de diversos termos, ou seja, é a sucessão de palavras que terminam da mesma maneira. Quando o homeoteleuto é usado na poesia, disposto simetricamente, recebe o nome de *rima*. Essa repetição rimada intensifica o sentido, ao aproximar semanticamente as palavras que terminam do mesmo modo. É uma figura muito utilizada em provérbios: "Sem eira nem beira"; "Não ata nem desata".

No capítulo CVI de *Memórias póstumas de Brás Cubas*, de Machado de Assis, há uma sucessão de verbos no futuro do pretérito com o objeto direto em posição mesoclítica, para indicar que ações diferentes são, na verdade, as várias possibilidades de reação do marido à traição da mulher:

> Respirei e sentei-me. D. Plácida atroava a sala com exclamações e lástimas. Eu
> ouvia, sem lhe dizer coisa nenhuma; refletia comigo se não era melhor ter fechado

Virgília na alcova e ficado na sala; mas adverti logo que seria pior; confirmaria a suspeita, chegaria o fogo à pólvora, e uma cena de sangue... Foi muito melhor assim. Mas depois? que ia acontecer em casa de Virgília? *matá-la-ia o marido? espancá-la-ia? encerrá-la-ia? expulsá-la-ia?*

No capítulo XLIII de *Quincas Borba*, de Machado de Assis, ao falar de uma personagem, define-a, de maneira cortante, por duas palavras terminadas em -ona: quarentona e solteirona.

Agora, aquietada a imaginação e o ressentimento, mira e remira a alcova solitária; recorda as amigas do colégio e de família, as mais íntimas, casadas todas. A derradeira delas desposou aos trinta anos um oficial de marinha, e foi ainda o que reverdeceu as esperanças à amiga solteira, que não pedia tanto, posto que a farda de aspirante foi a primeira coisa que lhe seduziu os olhos, aos quinze anos... Onde iam eles? Mas lá passaram cinco anos, cumpriu os trinta e nove, e os quarenta não tardam. Quarentona, solteirona; D. Tonica teve um calafrio. Olhou ainda, recordou tudo, ergueu-se de golpe, deu duas voltas e atirou-se à cama chorando...

Outros exemplos:

A memória trazia-lhe o sabor do perigo passado. Eis aqui a terra encoberta, os dois filhos *nados*, *criados* e *amados* da fortuna.

(Capítulo XIX de *Esaú e Jacó*, de Machado de Assis)

O fiasco de 21 de dezembro deixa claro que já não se pode confiar em ninguém. Nem nos maias, com sua milenar sabedoria; que dirá nos astecas, sumérios, *godos*, *visigodos* e outros *engodos*.

(Humberto Werneck, *O Estado de São Paulo*, 23/12/2012, C10)

Nesta estrofe do poema "Mater", de Augusto dos Anjos, a rima aproxima semanticamente as palavras rimadas (o termo *novo* contém o *ovo*; o *ventre* é o lugar da concentração):

Como a crisálida emergindo do ovo
Para que o campo flórido a concentre,
Assim, oh! Mãe, sujo de sangue, um novo
Ser, entre dores, te emergiu do ventre!

Nesta estrofe da "Canção do exílio", de Casimiro de Abreu, *já* se avizinha semanticamente de *sabiá*. Este é a condensação do motivo de não desejar a morte neste momento.

> Se eu tenho de morrer na flor dos anos,
> Meu Deus! não seja já;
> Eu quero ouvir na laranjeira, à tarde,
> Cantar o sabiá!

Alguns autores chamam *homeoptoto* (termo composto do grego *hómoios*, "semelhante", e *ptótos*, "caso") a repetição de palavras que apresentam a mesma desinência nominal ou verbal. Evidentemente, não deixa de ser um caso de homeoteleuto. Na quarta parte do *Sermão de Santo Antônio*, de Vieira, pregado na cidade do Maranhão, em dia da Santíssima Trindade, há três verbos da primeira conjugação na terceira pessoa do pretérito imperfeito do subjuntivo: "Quantas vezes mandou Antônio ao fogo que não *queimasse*, ao vento que não *assoprasse*, à água que não *molhasse*?" No último verso deste trecho da "Ode marítima", de Álvaro de Campos, há uma sucessão de verbos da primeira conjugação na segunda pessoa do plural do pretérito perfeito do indicativo:

> Homens que saqueastes tranquilas povoações africanas,
> Que fizestes fugir com o ruído de canhões essas raças,
> Que *matastes*, *roubastes*, *torturastes*, *ganhastes*.

Figuras de repetição de palavras ou de sintagmas dentro da mesma oração ou verso: epizeuxe ou reduplicação, diácope, epanalepse

No poema de Drummond, "Cidadezinha qualquer", o predicado *vai devagar* é repetido em três versos seguidos e o verso seguinte começa com o advérbio *devagar*:

Casas entre bananeiras
mulheres entre laranjeiras
pomar amor cantar.

Um homem vai devagar.
Um cachorro vai devagar.
Um burro vai devagar.
Devagar... as janelas olham.

Eta vida besta, meu Deus.

Uma regra de estilística que todos aprendemos na escola é que devemos evitar a repetição de palavras ou sintagmas idênticos. Eles devem ser substituídos por um sinônimo, quando houver, ou por um anafórico, quando for possível. No pequeno texto "Minha casa está situada num bairro tranquilo. Moro nessa casa desde criança", a segunda frase pode ser reescrita das seguintes maneiras: "Moro nesse imóvel desde criança" ou "Moro aí desde criança". Ou ainda todo o texto pode ser refeito: "Minha casa, onde moro desde criança, está situada num bairro tranquilo." No texto de Drummond, no entanto, a repetição do predicado é absolutamente necessária, pois ela aumenta a extensão do texto, intensificando o sentido de lentidão na cidadezinha qualquer. Observe que o sentido não seria o mesmo se eu dissesse: um homem, um cachorro e um burro vão devagar... as janelas olham.

116 Figuras de retórica

A repetição é, portanto, um aumento da extensão de um dado texto com o emprego, várias vezes, do mesmo segmento textual (palavra, sintagma, oração, verso), para intensificar o sentido expresso.

A repetição pode ser intraoracional ou transoracional.

No primeiro caso, a repetição de palavras ou expressões seguidas recebe o nome de *reduplicação* (em latim chamava-se *geminatio*) ou *epizeuxe* (do grego *epizeuxis*, que significa "encadeamento", "repetição de palavra"):

> Quando os olhos cansaram, e foram mais intervalados os soluços, Helena jazeu imóvel no leito, com o rosto sobre o travesseiro, fugindo com a vista à realidade exterior. Uma hora esteve assim, muda, prostrada, quase morta, uma hora *longa, longa, longa,* como só as tem o relógio da aflição e da esperança.
>
> (Capítulo XIII de *Helena*, de Machado de Assis)

> Onde li eu que uma tradição antiga fazia esperar a uma virgem de Israel, durante certa noite do ano, a concepção divina? Seja onde for, comparemo-la à desta outra, que só difere daquela em não ter noite fixa, mas *todas, todas, todas...* O vento, zunindo fora, nunca lhe trouxe o varão esperado, nem a madrugada alva e menina lhe disse em que ponto da Terra é que ele mora. Era só *esperar, esperar...*
>
> (Capítulo XLIII de *Quincas Borba*, de Machado de Assis)

> Talvez por isso entraram os objetos a trocarem-se; uns cresceram, outros minguaram, outros perderam-se no ambiente; um nevoeiro cobriu tudo, – menos o hipopótamo que ali me trouxera, e que aliás começou *a diminuir, a diminuir, a diminuir*, até ficar do tamanho de um gato.
>
> (Capítulo VII de *Memórias póstumas de Brás Cubas*, de Machado de Assis)

Essa figura é bastante usada na linguagem cotidiana: "Ela era linda, linda, linda"; "Andamos, andamos, andamos, até avistar a casa dele".

Quando se intercala uma palavra ou sintagma na série de palavras repetidas, cortando-se a sequência, essa reduplicação recebe o nome de *diácope* (do grego *diakopé*, que quer dizer "corte"). No primeiro exemplo abaixo, a repetição é interrompida pela conjunção *pois* e pelo vocativo *glorioso vencedor*; no segundo, o vocativo *Musa* corta a sequência *Nô-mais nô-mais* (arcaísmo que significa "não mais"):

> *Ide por diante pois, glorioso vencedor, ide por diante,* e possam mais diante de Deus para com vossa piedade, as misérias que padecem aqueles tão afligidos povos, que a continuação das culpas nossas, com que ainda ajudamos o castigo das suas.
>
> (Vieira, parte VII do *Sermão de São Roque*, pregado na Capela Real, no ano de 1659, havendo peste no Reino do Algarve)

> *Nô-mais, Musa, nô-mais*, que a Lira tenho
> Destemperada e a voz enrouquecida,
> E não do canto, mas de ver que venho
> Cantar a gente surda e endurecida
>
> (Camões, *Os Lusíadas*, x, 145, 1-4)

Recebe o nome de *epanalepse* (do grego *epanalépsis*, que denota "retomada", "repetição") a repetição de uma palavra ou sintagma no início e no fim de uma oração ou de um verso. Muitos estudiosos de retórica não fazem essa distinção e consideram a epanalepse um sinônimo de reduplicação:

> *Alvuras* castas, virginais *alvuras*,
> *Lactescências* das raras *lactescências*.
>
> ("Braços", Cruz e Sousa)

> *Benditos* monges imortais, *benditos*
> Que etéreas harpas tangem!
>
> ("Os monges", Cruz e Sousa)

> *O homem* é lobo do *homem*.
>
> (Epístola dedicatória do *De cive*, Thomas Hobbes)

Figuras de repetição de uma palavra ou sintagma em outra oração ou verso: anáfora, mesodiplose, epífora ou epístrofe

A repetição pode ser transoracional, quando um segmento de uma oração ou de um verso é repetido em outra oração ou outro verso.

Chama-se *anáfora* (do grego *anaphorá*, palavra formada de *aná*, indicando repetição e *phorá*, que está relacionada ao verbo *phoréo*, que significa "levar", "transportar") a repetição de palavras ou sintagmas no início de orações ou de versos. No primeiro exemplo, cada oração começa com o predicado *divertia-os* (= desviava sua atenção); no segundo, as orações começam com a repetição do sujeito *ele*, o que realça as ações da personagem, intensificando sua agitação; no terceiro, cada verso começa com *qual*:

> E que seria se os afetos que nos divertem a atenção da vista fossem da casta daqueles que tanto divertiram e perturbaram hoje os escribas e fariseus? *Divertia-os* o ódio, *divertia-os* a inveja, *divertia-os* a ambição, *divertia-os* o interesse, *divertia-os* a soberba, *divertia-os* a autoridade e ostentação própria, e como estava a atenção tão divertida, tão embaraçada, tão perturbada, tão presa, por isso não viam o que estavam vendo: *Ut videntes caeci fiant.*
>
> (Vieira, parte III do *Sermão da Quinta Quarta-Feira da Quaresma*, pregado na Misericórdia de Lisboa, no ano de 1669)

> Este [Aguiar], aliás, acompanhou a narração da mulher [D. Carmo] em silêncio com os olhos no teto; naturalmente não queria incorrer na pecha de fraco, mas a fraqueza, se o era, começou nos gestos; *ele* ergueu-se, *ele* sentou-se, *ele* acendeu um charuto, *ele* retificou a posição de um vaso...
>
> (Machado de Assis, *Memorial de Aires*, 16/6/1888)

Qual do cavalo voa, quê não desce;
Qual, com o cavalo em terra dando, geme;
Qual vermelhas as armas faz de brancas;
Qual com os penachos do elmo açouta as ancas

(Camões, *Os Lusíadas*, VI, 64, 5-8)

Denomina-se *mesodiplose* (do grego *mésos*, que quer dizer "situado no meio", e *díplosis*, "reunião de duas ou mais palavras") a repetição do meio de cada oração ou verso:

Não quero *sem Sylvano* já ter vida,
Pois tudo *sem Sylvano* é viva morte;
Já que se foi *Sylvano* venha a morte,
Perca-se por *Sylvano* a minha vida.

("Ao amado ausente", Sóror Violante do Céu)

A repetição no final de cada oração ou verso é cognominada *epífora* (do grego *epiphorá*, que quer dizer "conclusão", "frase ou proposição final") ou *epístrofe* (do grego *epistrophé*, que significa "retorno"). No exemplo que segue, há uma série de orações interrogativas terminadas por *mais*:

Que meio vos parece que se pode dar, para um homem em toda a sua vida ter o pão certo, sem nunca lhe haver de faltar? Será porventura ajuntar *mais*? Trabalhar *mais*? Lavrar *mais*? Negociar *mais*? Desvelar *mais*? Poupar *mais*? Mentir *mais*? Adular *mais*? Alguns cuidam que estes são os meios de ter pão, mas enganam-se.

(Vieira, parte II do *Sermão do Quarto Domingo da Quaresma*, pregado na Matriz da Cidade de S. Luís do Maranhão, no ano de 1657)

Figuras de repetição de uma palavra ou sintagma em outra oração ou verso: epanadiplose, anadiplose, ploce, epímone, polissíndeto

Vozes veladas, veludosas vozes,
Volúpias dos violões, vozes veladas,
Vagam nos velhos vórtices velozes
Dos ventos, vivas, vãs, vulcanizadas.

Essa é uma estrofe do poema "Violões que choram", de Cruz e Sousa. O sintagma *vozes veladas* utilizado no início do primeiro verso aparece também no final do segundo. Essa repetição serve para intensificar o sentido da construção reiterada. Por isso, não se trata de uma repetição como as que nossos manuais de estilo abominam.

Quando uma palavra ou um sintagma inicial de uma oração ou verso é repetido no final da oração ou do verso seguinte, temos a figura da *epanadiplose* (do grego *epanadiplósis*, que significa "redobro", "repetição").

Quando uma palavra ou sintagma final de uma oração ou verso é repetido no início da oração ou do verso seguinte, ocorre a figura da *anadiplose* (do grego *anadiplósis*, que significa "reiteração", "repetição", "redobro"). É o caso do seguinte passo do capítulo LXIV de *Dom Casmurro*, de Machado de Assis, onde a palavra *escrúpulo*, que finaliza o primeiro período, é repetida no início do período seguinte:

Relendo o capítulo passado, acode-me uma ideia e um *escrúpulo*. O *escrúpulo* é justamente de escrever a ideia, não a havendo mais banal na terra, posto que daquela banalidade do sol e da lua, que o Céu nos dá todos os dias e todos os meses.

É o que ocorre também nesta estrofe do poema "A flor e a fonte", de Vicente de Carvalho, em que a palavra *corria* encerra o terceiro verso e abre o quarto:

E a fonte, rápida e fria,
Com um sussurro zombador,
Por sobre a areia *corria*,
Corria levando a flor.

Neste passo de *Os Lusíadas*, de Camões, o sintagma *das honras e dinheiro* aparece no final do segundo verso e no início do terceiro:

Destarte, o peito um calo honroso cria,
Desprezador *das honras e dinheiro*,
Das honras e dinheiro, que a ventura
Forjou, e não virtude justa e dura.
(vi, 98, 5-8)

Neste exemplo retirado de "Dois excertos de ode", de Álvaro de Campos, heterônimo de Fernando Pessoa, a anadiplose combina-se com uma anáfora:

Atira *ao Oriente*,
Ao Oriente donde vem tudo, o dia e a fé,
Ao Oriente pomposo e fanático e quente,
Ao Oriente excessivo que eu nunca verei,
Ao Oriente budista, bramânico, sintoísta,
Ao Oriente que tudo o que nós não temos,
Que tudo o que nós não somos,
Ao Oriente onde – quem sabe? – Cristo talvez ainda hoje viva,
Onde Deus talvez exista realmente e mandando tudo...

A repetição de uma palavra ou sintagma medial de uma oração ou verso no início ou fim da oração ou do verso seguinte recebe o nome de *ploce* (do grego *ploké*, que quer dizer "ação de tecer", "tecido", "combinação"). Nesta passagem da segunda parte do "Discurso Segundo" de *As cinco pedras da funda de David*, de Vieira, os termos *saúde* e *riqueza* ocorrem no meio de uma oração e, em seguida, no final de outra:

Assim foi em Adão, e assim é em todos os seus filhos: quão facilmente estraga o são a saúde, e quão prodigamente dissipa o vão as riquezas! Porém, esperai um pouco: sucederá à *saúde* a enfermidade, vós conhecereis o bem que tendes na

122 Figuras de retórica

saúde; sucederá à *riqueza* a pobreza e necessidade, e vós conhecereis o bem que não soubestes estimar na *riqueza*; por isso, ordenou a Providência que fosse vária e mudável a que vós chamais fortuna.

Pode-se construir uma ploce por antecipação, quando a palavra advém no início ou no final de uma oração ou verso e, em seguida, no meio de outra oração ou verso. Nesta estrofe do poema "À morte", de Garrett, o termo *vida* finaliza o segundo verso e reaparece no meio do terceiro:

> Porque Senhor, do caos tumultuário
> Tão bela e esperançosa ergueste a *vida*,
> Se ao pé da *vida* colocaste a morte?

Quando se dá uma repetição aleatória de palavras ou sintagmas, temos a *epímone* (do grego *epimoné*, que denota "tenacidade", "perseverança"). Nesta estrofe da parte IV do poema "O caçador de esmeraldas," de Bilac, a repetição do adjetivo *verde* mostra que o delírio de Fernão Dias, na hora da morte, contamina totalmente o ambiente com a cor das pedras que buscava:

> *Verdes*, os astros no alto abrem-se em *verdes* chamas;
> *Verdes*, na *verde* mata, embalançam-se as ramas;
> E flores *verdes* no ar brandamente se movem;
> Chispam *verdes* fuzis riscando o céu sombrio;
> Em esmeraldas flui a água *verde* do rio,
> E do céu, todo *verde*, as esmeraldas chovem...

É denominada *polissíndeto* a repetição de conectivos. Nesta passagem do *Memorial de Aires*, de Machado de Assis, a reiteração do conectivo *e* indica o esforço da procura insistente: "*E* lá foi [Tristão], *e* lá andou, *e* lá descobriu o padre, dentro de uma casinha – baixa" (31/7/1888).

Nesta passagem da parte I de *A abóboda*, de Alexandre Herculano, a repetição da conjunção *mas* intensifica a contraposição que se estabelece com o que é enunciado na primeira oração: "Não é este edifício obra de reis, ainda que por um rei me fosse encomendado seu desenho e edificação, *mas* nacional, *mas* popular, *mas* da gente portuguesa, que disse: não seremos servos do estrangeiro e que provou seu dito."

Neste passo do § V da primeira parte de *Pão partido em pequeninos*, de Bernardes, ao falar da natureza humana e divina de Cristo, o expositor afirma que ele era verdadeiramente Deus e realmente homem. Para comprovar que ele era genuinamente homem, repete a conjunção *e*, que vai dando um peso maior àquilo que é característico do ser humano: "... e assim é verdade dizer que Deus morreu, e chorou, e comeu, etc."

Outros exemplos:

> É verdade que a serpente naquele tempo estava viva, *e* andava, *e* comia, *e* batalhava, *e* vencia, *e* triunfava, mas como tinha sido vara, e havia de tornar a ser vara, não era o que era: era o que fora e o que havia de ser: *Virga*.
>
> (Vieira, parte II do *Sermão de Quarta-Feira de Cinza*, pregado em Roma, na Igreja de Santo Antônio dos Portugueses, no ano de 1672)

> Luís Alves mostrou-se fiel à palavra dada; declarou amavelmente que se opunha à viagem, como vizinho e amigo, que reclamaria em último caso o auxílio de força pública; que era um erro e um crime deixar aquela casa viúva da benevolência *e* da graça *e* do gosto *e* de todas as mais qualidades excelentes que ali iam achar os felizes que a frequentavam; que, enfim, o mal era tamanho, que não deixaria de ser pecado, posto não viesse apontado nos catecismos, e como pecado, seria de força punido, com amargas penas, no outro século, pelo que, e o mais dos autos, era sua decisão que a baronesa devia ficar.
>
> (Capítulo XII de *A mão e a luva*, de Machado de Assis)

> Como se havia de restaurar o Brasil, se os navios, que sustentam o comércio e enriquecem a terra, haviam de comprar o descarregar, *e* o dar querena, *e* o carregar, *e* o partir, *e* não sei se também os ventos?
>
> (Vieira, parte VI do *Sermão da Visitação de Nossa Senhora*, no Hospital da Misericórdia da Bahia, na ocasião em que chegou àquela cidade o Marquês de Montalvão, Vice-Rei do Brasil)

Figuras de repetição de mais de uma palavra ou sintagma em orações e versos distintos: símploce, antimetábole, quiasmo, epânodo

Até agora, examinou-se a repetição de um sintagma ou palavra em outra oração ou verso. No entanto, podem-se repetir, em outra oração ou verso, mais de uma palavra ou sintagma colocados em lugares diversos de uma oração ou verso.

Tem o nome de *símploce* (do grego *syn*, que quer dizer "ao mesmo tempo", e *ploké*, "ação de tecer", "combinação") a repetição na mesma ordem da palavra ou sintagma inicial e do termo ou construção final de uma oração ou verso em outra oração ou outro verso. Neste passo da sexta parte do *Sermão da Visitação de Nossa Senhora*, pregado no Hospital da Misericórdia da Bahia, na ocasião em que chegou àquela cidade o Marquês de Montalvão, Vice-Rei do Brasil, de Vieira, repete-se em cada oração o termo *toma* inicial e o sintagma *ministro de x* final. Reitera-se ainda a oração *Sim, toma*, que é a resposta que encerra cada pergunta:

> Este tomar o alheio, ou seja o do rei ou o dos povos, é a origem da doença; e as várias artes, e modos, e instrumentos de tomar são os sintomas, que, sendo de sua natureza mui perigosa, a fazem por momentos mais mortal. E se não, pergunto para que as causas dos sintomas se conheçam melhor: *Toma* nesta terra *o ministro da Justiça*? *Sim, toma. Toma o ministro da Fazenda*? *Sim, toma. Toma o ministro da República*? *Sim, toma. Toma o ministro da Milícia*? *Sim, toma. Toma o ministro do Estado*? *Sim, toma.*

Neste passo da primeira parte do *Sermão do Quarto Domingo da Quaresma*, pregado na Matriz da Cidade de S. Luís do Maranhão, no ano de 1657, pelo Padre Vieira, repetem-se o sintagma *que faz o* inicial e a resposta *busca pão* final:

A maior pensão com que Deus criou o homem é o comer. Lançai os olhos por todo o mundo, e vereis que todo ele se vem a resolver em buscar o pão para a boca. Que faz o lavrador na terra, cortando-a com o arado, cavando, regando, mondando, semeando? Busca pão. Que faz o soldado na campanha, carregado de ferro, vigiando, pelejando, derramando sangue? Busca pão. Que faz o navegante no mar, içando, amainando, sondando, lutando com as ondas e com os ventos? Busca pão. O mercador, nas casas de contratação, passando letras, ajustando contas, formando companhias? O estudante nas Universidades, tomando postilas, revolvendo livros, queimando as pestanas? O requerente nos tribunais, pedindo, alegando, replicando, dando, prometendo, anulando? Busca pão. Em buscar pão se resolve tudo, e tudo se aplica ao buscar.

Na *antimetábole* (do grego *anti*, "contrário" e *metábole*, "mudança"), repete-se, em sentido inverso em outra oração ou verso, a palavra ou sintagma inicial e o termo ou construção final de uma oração ou verso. É o que ocorre nesta passagem bíblica: "O *sábado* foi feito por causa do *homem, e* não o *homem* por causa do *sábado*" (Marcos, 2, 27). No capítulo XXXV de *Esaú e Jacó*, de Machado de Assis, aparece: "Não era *tanta a política* que os fizesse esquecer *Flora*, nem *tanta Flora* que os fizesse esquecer *a política*. Também não eram tais as duas que prejudicassem estudos e recreios." Nesta passagem de Vieira, tem-se uma inversão oracional:

> De certos homens, da casta daqueles de quem dizia Sócrates, que não *comiam para viver*, mas só *viviam para comer*, conta a Sagrada Escritura que, exortando-se de comum consentimento, diziam: *Comedamus et bibamus, cras enim moriemur* (Is. 22, 13): Comamos e bebamos, porque amanhã havemos de morrer.
>
> (Parte IX do *Sermão do Quarto Domingo Depois da Páscoa*)

A antimetábole é um tipo de *quiasmo*, que é a repetição simétrica de termos ou sintagmas invertidos, para realçar uma situação contraditória, para enfatizar seres ou eventos que estão em relação especular. *Quiasmo* é uma palavra formada a partir da letra grega *khi* (X), que indica visualmente a inversão. A antimetábole é um tipo de quiasmo em que as palavras invertidas têm posição fixa, a inicial e a final.

Os dois primeiros versos do célebre poema "No meio do caminho", de Drummond, são um quiasmo porque estão invertidas as duas partes que compõem cada verso, o adjunto adverbial de lugar *no meio do caminho* e o predicado *tinha um pedra*:

> No meio do caminho tinha uma pedra
> tinha uma pedra no meio do caminho.

Esse poema desconstrói um célebre soneto de Olavo Bilac, intitulado *Nel mezzo del camin...*, que é construído com uma série de quiasmos:

> Cheguei. Chegaste. Vinhas fatigada
> E triste, e triste e fatigado eu vinha.
> Tinhas a alma de sonhos povoada,
> E a alma de sonhos povoada eu tinha.

No capítulo I de *Memórias póstumas de Brás Cubas*, de Machado de Assis, ocorre um dos mais célebres quiasmos da literatura brasileira:

> Algum tempo hesitei se devia abrir estas memórias pelo princípio ou pelo fim, isto é, se poria em primeiro lugar o meu nascimento ou a minha morte. Suposto o uso vulgar seja começar pelo nascimento, duas considerações me levaram a adotar diferente método: a primeira é que eu não sou propriamente um *autor defunto*, mas um *defunto autor*, para quem a campa foi outro berço; a segunda é que o escrito ficaria assim mais galante e mais novo.

O *epânodo* (do grego *epánodos*, que significa "retorno") é a repetição separadamente, com a finalidade de desenvolver-lhes o sentido, de termos ou sintagmas que ocorrem ligados um do outro. No exórdio de *As cinco pedras da funda de Davi*, de Vieira, os termos *harpa* e *funda*, que estão coordenados, são repetidos separadamente, para que se explique por que era Davi admirável com esses dois instrumentos: "Admirável foi Davi na *harpa*, e admirável na *funda*: com a *harpa* afugentava demônios, com a *funda* derrubava gigantes." Nesta passagem da quarta parte do *Sermão nas Exéquias da Rainha*, as palavras *tempo* e *razão*, que aparecem juntas, são depois repetidas separadamente: "A prudência é filha do tempo e da razão: da razão pelo discurso, do tempo pela experiência."

Na estrofe 37 do canto VIII de *Os Lusíadas*, os nomes Pedro e Henrique que aparecem juntos são retomados pelos demonstrativos *aquele* e *este*, para falar de cada um dos infantes:

> Olha cá dois infantes, *Pedro e Henrique*,
> Progênie generosa de Joane:
> *Aquele* faz que fama ilustre fique
> Dele em Germânia, com que a morte engane;
> *Este*, que ela nos mares o publique
> Por seu descobridor, e desengane
> De Ceita a Maura túmida vaidade,
> Primeiro entrando as portas da cidade.

Figuras de repetição de orações ou versos: palilogia, ritornelo (refrão, estribilho), epanástrofe

No poema "Pecado original", de Álvaro de Campos, heterônimo de Fernando Pessoa, repete-se o verso *Quantos Césares fui!*, para enfatizar que a realidade é o que supusemos ser, é o que não conseguimos nunca:

> Quantos Césares fui!
>
> Na alma, e com alguma verdade;
> Na imaginação, e com alguma justiça;
> Na inteligência, e com alguma razão –
> Meu Deus! meu Deus! meu Deus!
> Quantos Césares fui!
> Quantos Césares fui!
> Quantos Césares fui!

Recebe o nome de *palilogia* (do grego *palillogía*, que significa "recapitulação", "repetição") a repetição de uma oração ou verso. Esse aumento da extensão textual serve para tornar mais intenso o sentido.

No poema "Canto do mal de amor", de Mário de Andrade, repete-se o verso *Sofrendo com mal de amor*. Nos dois versos finais, a repetição se faz com a intercalação da oração *A frase não para no meio*:

> É tarde já... Zero grau.
> Hesito mais, indeciso...
> Meus irmãos desaparecem
> Nos corredores com luz
> Donde saltam na calçada
> Muitos palhaços de riso,

Até rio... Vaia o jazz.
Caminho pela cidade
Sofrendo com mal de amor
Sofrendo com mal de amor
Sofrendo com mal de amor
Sofrendo. A frase não para
No meio: com mal de amor.

Na quinta parte do *Sermão da Primeira Sexta-Feira da Quaresma*, pregado por Vieira em Lisboa, na Capela Real, no ano de 1649, repete-se a oração *Ama a teu inimigo*, mas intercalando-se entre as orações repetidas outras orações:

> *Ama a teu inimigo*, porque ou ele é executor da divina justiça, para castigar a tua soberba, ou ministro da sua Providência, para exercitar a tua paciência e coroar a tua constância. *Ama a teu inimigo*, porque Deus perdoa a quem perdoa, e mais nos perdoa ele na menor ofensa, do que nós ao ódio de todo o mundo nos maiores agravos. *Ama a teu inimigo*, porque as setas do seu ódio, se as recebe com outro ódio, são de ferro e, se lhe respondes com amor, são de ouro. *Ama a teu inimigo*, porque melhor é a paz que a guerra, e nesta guerra a vitória é fraqueza, e o ficar vencido, triunfo. *Ama a teu inimigo* porque ele, em te querer mal, imita o demônio, e tu, em lhe querer bem, pareces-te com Deus. *Ama a teu inimigo*, porque esse mesmo inimigo, se bem o consideras, é mais verdadeiro amigo teu que os teus amigos: ele estranha e condena os teus defeitos, e eles os adulam e lisonjeiam. *Ama a teu inimigo*, porque, se o não queres amar porque é inimigo, devê-lo amar porque é homem. *Ama a teu inimigo*, porque, se ele te parece mal, amando-o, tu não serás como ele. *Ama a teu inimigo*, porque as maiores inimizades cura-as o tempo, e melhor é que seja o médico a razão que o esquecimento. *Ama a teu inimigo*, porque os mais empenhados inimigos dão-se as mãos, se o manda o rei; e o que se faz sem descrédito, porque o manda o rei, por que se não fará porque o manda Deus? Finalmente, sem subir tão alto, *ama a teu inimigo*, porque ou ele é mais poderoso que tu, ou menos: se é menos poderoso, perdoa-lhe a ele, se é mais poderoso, perdoa-te a ti.

Nesse caso, a repetição é denominada *ritornelo* (do italiano *ritornello*, que quer dizer "retomada"). Quando se repete, em intervalos regulares, um verso ou um grupo de versos, essa repetição é chamada *refrão* ou *estribilho*. É o que acontece no poema "Ladainha", de Cassiano Ricardo, em que ocorre um refrão singular, pois ele apresenta uma identidade (cheia de graça/ cheia de pássaros/ cheia de luz) e uma diferença em suas três ocorrências (ilha/ terra/ Brasil), para indicar as diversas percepções sobre a natureza da terra descoberta, que sempre, no entanto, é vista como cheia de graça, de pássaros e de luz:

Por se tratar de uma ilha deram-lhe o nome
de ilha de Vera Cruz.

Ilha cheia de graça
Ilha cheia de pássaros
Ilha cheia de luz.

[...]

Depois mudaram-lhe o nome
pra terra de Santa Cruz.

Terra cheia de graça
Terra cheia de pássaros
Terra cheia de luz.

[...]

Mas como houvesse em abundância,
certa madeira cor de sangue, cor de brasa
e como o fogo da manhã selvagem
fosse um brasido no carvão noturno da paisagem,
e como a Terra fosse de árvores vermelhas
e se houvesse mostrado assaz gentil,
deram-lhe o nome de Brasil.

Brasil cheio de graça
Brasil cheio de pássaros
Brasil cheio de luz.

É célebre a repetição *never more*, que ocorre no poema "O corvo", de Edgar Allan Poe. Isso é tudo o que a ave sabe dizer e repete implacavelmente essa resposta a todas as indagações de seu interlocutor, um homem que, à meia-noite, estava lendo, quando ouve baterem à porta e, ao abri-la, entra voando um corvo, que pousa sobre um busto da deusa Atenas. O ritornelo marca intensamente a modalidade da impossibilidade. Machado e Pessoa traduziram esse poema para o português:

A alma súbito movida por frase tão bem cabida,
"Por certo", disse eu, "são estas vozes usuais,
Aprendeu-as de algum dono, que a desgraça e o abandono
Seguiram até que o entono da alma se quebrou em ais,
E o bordão de desesp'rança de seu canto cheio de ais"

Era este "Nunca mais".

Mas, fazendo inda a ave escura sorrir a minha amargura,
Sentei-me defronte dela, do alvo busto e meus umbrais;
E, enterrado na cadeira, pensei de muita maneira
Que qu'ria esta ave agoureia dos maus tempos ancestrais,
Esta ave negra e agoureira dos maus tempos ancestrais,

Com aquele "Nunca mais".

(Tradução de Fernando Pessoa)

"Profeta, ou o que quer que sejas!
Ave ou demônio que negrejas!
Profeta sempre, escuta, atende, escuta, atende!
Por esse céu que além se estende,
Pelo Deus que ambos adoramos, fala,
Dize a esta alma se é dado inda escutá-la
No éden celeste a virgem que ela chora
Nestes retiros sepulcrais,
Essa que ora nos céus anjos chamam Lenora!"
E o corvo disse: "Nunca mais".

"Ave ou demônio que negrejas!
Profeta, ou o que quer que sejas!
Cessa, ai, cessa! clamei, levantando-me, cessa!
Regressa ao temporal, regressa
À tua noite, deixa-me comigo.
Vai-te, não fique no meu casto abrigo
Pluma que lembre essa mentira tua.
Tira-me ao peito essas fatais
Garras que abrindo vão a minha dor já crua."
E o corvo disse: "Nunca mais".

(Tradução de Machado de Assis)

Chama-se *epanástrofe* (do grego *epanastrofé*, que quer dizer "retorno") a repetição de uma ou mais orações com inversão na ordem das palavras. Na oitava parte do *Sermão da Primeira Sexta-Feira da Quaresma*, pregado por Vieira em Lisboa, na Capela Real, no ano de 1649, aparece a passagem que segue, em que a oração *são os mesmos* é retomada em outra ordem:

Mudou-se Deus? Mudou-se Moisés? *Ou são os mesmos?* *Os mesmos são*, não se mudaram; mas estes são os ódios de Deus, e estes os amores dos homens. Este é Deus quando mais inimigo, e estes os homens quando mais amigos.

No poema "A mosca azul", de Machado de Assis, há uma estrofe em que a metade do primeiro verso, formada de duas orações coordenadas, é repetida na segunda metade em ordem diversa:

> E zumbia, e voava, e voava, e zumbia
>   Refulgindo ao clarão do sol
> E da lua, – melhor do que refulgiria
>   Um brilhante do Grão-Mogol.

Falando de um sineiro, em uma crônica de *A Semana*, datada de 4 de novembro de 1897, Machado usa uma epanástrofe para mostrar a invariabilidade de seu trabalho:

> Em vão passavam as gerações, ele não passava. Chamava-se João: Noivos casavam, ele repicava as bodas; crianças nasciam, ele repicava ao batizado; pais e mães morriam, ele dobrava aos funerais. Acompanhou a história da cidade. Veio a febre amarela, o cólera-mórbus, e João dobrando. Os partidos subiam ou caíam, João dobrava ou repicava, sem saber deles. Um dia começou a guerra do Paraguai, e durou cinco anos; *João repicava e dobrava, dobrava e repicava pelos mortos e pelas vitórias.* Quando se decretou o ventre livre das escravas, João é que repicou. Quando se fez a abolição completa, quem repicou foi João. Um dia proclamou-se a República, João repicou por ela, e repicaria pelo Império, se o Império tornasse.

Figuras de repetição semântica I: antanáclase ou diáfora, paronomásia, poliptoto, paradiástole

É conhecidíssimo este aforismo de Pascal: "O coração tem razões que a própria razão desconhece." Nele, a palavra *razão* aparece repetida. No entanto, em cada uma das ocorrências, tem um sentido diferente. Na primeira, significa "motivos" e, na segunda, "faculdade de raciocinar, inteligência". Trata-se, nesse caso, de uma figura denominada *antanáclase* (do grego *antanáklasis*, que quer dizer "refração", "repercussão" e daí "repetição de palavra em outro sentido") ou *diáfora* (do grego *diáfora*, que denota "diferença", "diversidade", "variedade"). É a figura em que se repetem palavras com significados diversos, para intensificá-los.

É o que acontece, por exemplo, neste passo de *Os Lusíadas*, de Camões: "Os vossos, mores cousas atentando, / Novos *mundos* (= novas terras) ao *mundo* (= toda humanidade) irão mostrando" (II, 45); nesta passagem da terceira parte do *Sermão de Santa Catarina*, de Vieira, pregado em ocasião em que se festejava em Lisboa uma grande vitória: "Dos que a fizeram de ouro diremos depois; o que agora somente me parece dizer, é que os que a *fingiram* (= modelar, um sentido antigo do verbo) de vidro pela fragilidade, *fingiram* (= aparentaram) e encareceram pouco; porque ainda que a formassem de bronze, nunca lhe podiam segurar a inconstância da roda"; neste trecho do capítulo X de *No país dos ianques*, de Adolfo Caminha: "Corações à larga, rapazes! Um homem (= indivíduo do sexo masculino) é um homem (= indivíduo do sexo masculino em que sobressaem qualidades como força, coragem, determinação)!...".

Outros exemplos:

Cometerá outra vez, não dilatando,
O Gentio os combates, apressado,
Injuriando os seus, fazendo votos
Em *vão* (= debalde) aos Deuses *vãos* (= falsos), surdos e imotos.

(*Os Lusíadas*, x, 15, 5-8)

Perdigão, que o pensamento
Subiu em alto lugar,
Perde a *pena* (= asas) do voar,
Ganha a *pena* (= profundo sofrimento) do tormento.
Não tem no ar nem no vento
Asas com que se sustenha:
Não há mal que lhe não venha.

(Poema 50 das *Redondilhas*, de Camões)

Essa figura aparece em adivinhas populares em que se brinca com as palavras: "Uma meia meia feita, / outra meia por fazer; / diga-me lá, ó menina,/ quantas meias vêm a ser."

Na *paronomásia* (do grego *paranomasía*, termo formado de *pará*, que significa "muito próximo", e *onomasía*, que denota "designação", "expressão"), usam-se palavras diferentes, mas muito próximas do ponto de vista do plano sonoro, para intensificar o sentido expresso por elas. É o que ocorre no início da oitava parte do *Sermão Primeiro – Anjo*, consagrado à glorificação de São Francisco Xavier, de Vieira:

O modo com que S. Francisco Xavier ensinava a doutrina, e o modo com que no Brasil ensinam aos escravos os seus senhores. Quão necessária é a doutrina cristã nos *paços* como nas *praças*, e nos *estrados* como nas *estradas*.

É célebre a paronomásia que aparece em Mateus 16, 18: "Tu és *Pedro* e sobre esta *pedra* edificarei a minha igreja." Observem-se outros exemplos, extraídos de sermões de Vieira:

Em muitas *partes* toma o navio *porto* à *porta* de seu dono, amarrando-se a ela, e deste modo vem a casa a ser a âncora do navio, e o navio a metade da casa, de que igualmente usam.

(Sexta parte do *Sermão de Santo Antônio*, pregado na igreja do mesmo santo, quando os holandeses abandonaram o cerco à Bahia)

Os pregadores, quando explicam este lugar do Apocalipse, dizem que a mulher, figura da Igreja, estava coroada de estrelas, vestida do sol, e *calçada* da lua. Elegante modo de falar, mas impróprio, e não ajustado ao texto. O texto

134 Figuras de retórica

não quer dizer *calçada*, senão *calcada*. Não quer dizer que a lua há de *calçar* a mulher, senão que a mulher há de *calcar* a lua, metendo-a debaixo dos pés: *Luna sub pedibus ejus.*

(Parte II do "Discurso apologético", depois do falecimento do príncipe D. João)

Quando se repetem palavras alterando-se a flexão, ou seja, em várias formas gramaticais diferentes, tem-se a figura denominada *poliptoto* (do grego *polyptótos*, que quer dizer "em vários casos"). Essa repetição intensifica o elemento reiterado. Nestes versos de *Os Lusíadas*, de Camões, a palavra *tanto* é usada no masculino singular, no feminino singular, no feminino plural:

No mar *tanta* tormenta, e *tanto* dano,
Tantas vezes a morte apercebida!
Na terra *tanta* guerra, *tanto* engano,
Tanta necessidade avorrecida!

(I, 106, 1-4)

Neste passo do capítulo XVII de *Dom Casmurro*, de Machado de Assis, o verbo *roer* é utilizado em várias formas, até mesmo como particípio substantivado:

Catei os próprios vermes dos livros, para que me dissessem o que havia nos textos *roídos* por eles.
– Meu senhor, respondeu-me um longo verme gordo, nós não sabemos absolutamente nada dos textos que *roemos*, nem escolhemos o que *roemos*, nem amamos ou detestamos o que *roemos*; nós *roemos*.
Não lhe arranquei mais nada. Os outros todos, como se houvessem passado palavra, repetiam a mesma cantilena. Talvez esse discreto silêncio sobre os textos *roídos* fosse ainda um modo de *roer* o *roído*.

Outros exemplos:

Na sequência "a trabalhar o já trabalhado e a plantar o já plantado, e a ensinar o já ensinado", dentro do poliptoto ocorre também um homeoptoto:

Eis aqui a razão por que digo que é mais dificultosa de cultivar esta gentilidade, que nenhuma outra do mundo: se os não assistis, perde-se o *trabalho*, como o perdeu Santo Tomé; e para se aproveitar e lograr o *trabalho*, há de ser com outro *trabalho* maior, que é assisti-los; há-se de assistir e insistir sempre com ele, tornando a *trabalhar* o já *trabalhado* e a *plantar* o já *plantado*, e a *ensinar* o já *ensinado*, não levantando jamais a mão da *obra*, porque sempre está por *obrar,* ainda depois de *obrada*.

(Parte III do *Sermão do Espírito Santo*, de Vieira)

Não esqueça dizer que, em 1888, uma questão *grave* e *gravíssima* os fez concordar também, ainda que por diversa razão. A data explica o fato: foi a emancipação dos escravos. Estavam então longe um do outro, mas a opinião uniu-os.

(Capítulo XXXVII de *Esaú e Jacó*, de Machado de Assis)

Quando se repete um termo, fazendo distinção de seus vários sentidos, temos a *paradiástole*, do grego *paradiastolé*, que significa "disjunção". É o que acontece nestes dois trechos de sermões de Vieira. No primeiro, a figura consiste na reiteração das palavras *desconfiar* e *desconfiança*; no segundo, dos vocábulos *amor* e *amo*. No primeiro exemplo, distinguem-se a desconfiança por temor da desconfiança por cautela; no segundo, o amor fino do amor agradecido ou interessado:

> Há homens em Portugal que, sem terem gastado os anos nas escolas de Flandres, nem campeado nas fronteiras de África, por mais que os mandam ter armas, e exercitá-las, têm por afronta ou por ociosidade este exercício, como se fora contra os foros da nobreza prevenir a defensa da pátria, ou puderam, sem exercitar as armas, entrar naquele número ordenado, de gente, que, por constar de homens exercitados, se chama exército. É boa confiança esta com o inimigo à porta? É mui demasiada e mui errada confiança: desconfiar por temor é covardia, mas desconfiar por cautela é prudência. Não quero desconfiança que faça desmaiar; desconfiança que faça prevenir sim. E este segundo modo de desconfiar é mui necessário, principalmente aos portugueses, cujo demasiado valor os fez algumas vezes tão confiados, que o vieram a sentir mal prevenidos.

(Parte VII do sermão em homenagem a São Roque, pregado na casa professa da Companhia de Jesus de Lisboa, em 1642)

> Definindo São Bernardo o amor fino, diz assim: Amor *non quaerit causam, nec fructum*: O amor fino não busca causa nem fruto. – Se amo porque me amam, tem o amor causa; se amo para que me amem, tem fruto; e o amor fino não há de ter porquê, nem para quê. Se amo porque me amam, é obrigação, faço o que devo; se amo para que me amem, é negociação, busco o que desejo. Pois, como há de amar o amor para ser fino? *Amo, quia amo; amo, ut amem*: amo, porque amo, e amo para amar. Quem ama porque o amam, é agradecido; quem ama para que o amem, é interesseiro; quem ama, não porque o amam, nem para que o amem, esse só é fino. E tal foi a fineza de Cristo em respeito de Judas, fundada na ciência que tinha dele e dos demais discípulos.

(Parte IV do *Sermão do Mandato*, pregado na Capela Real, em 1645)

Figuras de repetição semântica II: paráfrase e pleonasmo

Há duas figuras de repetição em que não se joga com a diferença de sentidos, mas com a identidade semântica.

A *paráfrase* (do grego *paráphrasis*, que significa "comentário", "paráfrase") consiste em produzir uma unidade linguística equivalente semanticamente a uma unidade anterior. Em outras palavras, é uma reformulação. A paráfrase é possível em virtude do princípio da elasticidade linguística, que é a propriedade que permite reconhecer como semanticamente equivalentes unidades discursivas de dimensão diferente, como, por exemplo, uma denominação e sua definição: "brisa" é análoga a "vento de fraca a moderada intensidade, considerado agradável, que sopra a beira-mar". Observe-se esta passagem da oitava parte do *Sermão da Primeira Sexta-Feira da Quaresma*, de Vieira, pregado em Lisboa, na Capela Real, em 1649, onde *Deus irado* é parafraseado por *Deus com ódio* e *homem propício*, por *homem com amor*: "Que melhor é para os homens, e mais útil, Deus irado, que o homem propício; Deus com ódio, que o homem com amor."

O *pleonasmo* (do grego *pleonasmós*, que quer dizer "abundância", "excesso", "amplificação") é uma repetição de unidades idênticas do ponto de vista semântico, o que implica que a repetição é tautológica. No entanto, ela é uma extensão do enunciado com vistas a intensificar o sentido. É o que ocorre nesta passagem do capítulo XCVII de *Quincas Borba*, de Machado de Assis: "Quando Rubião chegou à esquina do Catete, a costureira conversava com um homem, que a esperara, e que lhe deu logo depois o braço; viu-os ir ambos, conjugalmente, para o lado da Glória" (O pronome *os* refere-se à costureira e ao homem; portanto, *ambos* é uma repetição para dar ênfase ao fato de que os dois foram de braços dados para o lado da Glória). Observe-se como Machado comenta o pleonasmo neste passo do *Memorial de Aires* (30/6/1888):

Ora bem, a viúva Noronha mandou uma carta a D. Carmo, documento psicológico, verdadeira página da alma. Como eles tiveram a bondade de mostrar-ma, dispus-me a achá-la interessante, antes mesmo de a ler, mas a leitura dispensou a intenção; achei-a interessante deveras, disse-o, reli alguns trechos. Não tem frases feitas, nem frases rebuscadas; é *simplesmente simples*, se tal advérbio vai com tal adjetivo; creio que vai, ao menos para mim.

No célebre "Soneto da fidelidade", de Vinicius de Moraes, o poeta fala em rir o riso e derramar o pranto:

> Quero vivê-lo em cada vão momento
> E em seu louvor hei de espalhar meu canto
> E rir meu riso e derramar meu pranto
> Ao seu pesar ou seu contentamento.

A repetição não é uma figura característica apenas da linguagem verbal, ela pode aparecer também na linguagem visual. Entretanto, enquanto aquela é linear, pois um som é produzido depois do outro ou uma letra vem depois da outra, esta é simultânea. Isso significa que todas as diferenciações relativas ao lugar da repetição (se o termo reiterado está no início, no meio ou no fim, se a repetição é na mesma oração ou verso ou em outro, etc.) não vão existir na linguagem visual. Poder-se-ia dizer que há duas figuras visuais de repetição. A primeira é uma espécie de sinonímia ou paráfrase, em que imagens diferentes são semanticamente equivalentes. Em painéis, em que diferentes cenas manifestam o mesmo tema, temos como que sinônimos visuais. É o caso dos painéis *Guerra* e *Paz*, de Portinari, em que a paz é representada por cenas de crianças brincando (gangorra, cambalhotas, piruetas), de moças cantando e dançando, etc. Por sua vez, a guerra é retratada por cenas de pessoas sofridas, como a mãe que segura o filho morto. Esses painéis são constituídos de sinônimos da paz e da guerra. Evidentemente, esses sinônimos são criados por metonímia, pois o efeito indica a causa. A segunda figura visual da repetição é aquela em que são reiteradas as mesmas imagens. É o caso de uma publicidade do café descafeinado Nescafé, em que se há 11 imagens de xícaras cheias de café, cada uma pousada sobre um pires e com uma colherinha. Essa repetição visual indica que o produto pode ser consumido sem restrições.

Figuras de repetição estrutural: paralelismo ou isócolo

Há uma repetição denominada *paralelismo* (substantivo formado a partir do grego *parallelós*, que significa "paralelo, de maneira semelhante, análoga"), em que se retoma uma estrutura oracional, preenchida, no entanto, a cada vez, com vocábulos diferentes. No capítulo CXXXVIII de *Quincas Borba*, de Machado de Assis, repete-se, três vezes, a estrutura formada por infinitivo + *sem* + substantivo abstrato, que constitui uma oração subordinada substantiva completiva nominal:

> Cortou as relações antigas, familiares, algumas tão íntimas que dificilmente se poderiam dissolver; mas a arte *de receber sem calor*, *ouvir sem interesse* e *despedir-se sem pesar*, não era das suas menores prendas; e uma por uma, se foram indo as pobres criaturas modestas, sem maneiras, nem vestidos, amizades de pequena monta, de pagodes caseiros, de hábitos singelos e sem elevação.

Neste passo da terceira parte do *Sermão Vigésimo Nono do Rosário*, há um exemplo complexo de paralelismo, em que se repete a seguinte estrutura: oração principal formada pelo sujeito *a via* + adjunto adnominal (*da* + substantivo) + adjunto adverbial (*em* + artigo + substantivo) + predicado nominal (*é via sem rasto, nem vestígio*) + oração subordinada adverbial causal constituída da conjunção *porque* + sujeito (artigo + substantivo) + objeto direto pronominal (*o*) + advérbio de negação (*não*) + núcleo do predicado verbal + oração subordinada causal reduzida de infinitivo composta de *por* + verbo *ser* + predicativo do sujeito constituído de dois adjetivos coordenados entre si.

> Diz Salomão que três cousas, ou três vias, lhe são muito dificultosas de entender: a via da serpente na pedra, a via da nau no mar, a via da águia no ar. [...] E que dificuldade têm essas três vias, para que a sabedoria do mesmo Salomão as não entenda? A dificuldade é uma só, e a mesma em todas três; porque todas são vias sem rasto, nem vestígio. *A via da serpente na pedra é via sem rasto, nem vestígio;*

porque a pedra o não admite, por ser dura e sólida; a via da nau no mar é sem rasto, nem vestígio; porque o mar o não conserva, por ser inquieto e confuso; e a via da águia no ar é via sem rasto, nem vestígio; porque o ar não o demonstra, por ser diáfano e invisível.

A função do paralelismo é mostrar que os significados transmitidos pelas construções paralelas são simétricos. Dessa forma, intensifica-se o sentido veiculado por elas.

O que hoje se chama paralelismo era denominado *isócolo* na retórica clássica. O termo é formado do grego *iso*, que significa "igual", "semelhante", "mesmo", e *kólon*, que quer dizer "membro", "parte". É, pois, a figura em que se repetem várias orações ou sintagmas com a mesma extensão e a mesma organização sintática. Normalmente, os isócolos são bimembres, trimembres (chamados *tricolos*) ou quadrimembres (denominados *tetracolos*). Esta passagem da primeira parte do *Sermão das Chagas de São Francisco,* pregado por Vieira em Roma, na Arqui-Irmandade das mesmas Chagas, no ano de 1672, apresenta um isócolo bimembre:

Quando Deus dava a lei a Moisés no Monte Sinai, diz o texto sagrado que o povo todo estava vendo as vozes: *Populus autem videbat voces* (Êx. 20, 18). Notável dizer! *O ver é ação dos olhos, as vozes são objeto dos ouvidos*; pois, como se viam as vozes?

Os dois primeiros parágrafos deste passo da oitava parte do *Sermão da Sexagésima* são constituídos de uma série de tricolos:

A nuvem tem relâmpago, tem trovão e tem raio: relâmpago para os olhos, trovão para os ouvidos, raio para o coração; com o relâmpago alumia, com o trovão assombra, com o raio mata. Mas o raio fere a um, o relâmpago a muitos, o trovão a todos. Assim há de ser a voz do pregador, um trovão do Céu, que assombre e faça tremer o Mundo.

Também este trecho da oitava estrofe do poema "Saudação a Walt Whitman", de Álvaro de Campos, um dos heterônimos de Fernando Pessoa, tem um isócolo trimembre:

Olha pra mim: tu sabes que eu, Álvaro de Campos, engenheiro,
Poeta sensacionista,
Não sou teu discípulo, não sou teu amigo, não sou teu cantor.

140 Figuras de retórica

Este fragmento da sétima parte do *Sermão de São Roque*, pregado por Vieira, no aniversário do nascimento do Príncipe D. Afonso, na Capela Real, em 1644, é construído com um tetracolo:

> Assim *se desfizeram os escrúpulos em aplausos, as dúvidas em demonstrações, os impossíveis em milagres*, e *o imaginado perigo em ações de graças a Deus*, dadas na corte, em todo o reino, e repetidas todos os anos naquelas conquistas, triunfando os altíssimos conselhos da providência, sabedoria e onipotência, não só dos vãos temores, interesses e pretextos, mas do mesmo bom, verdadeiro e fiel zelo humano, para última exaltação e glória da bondade divina.

Nesta passagem da terceira parte do *Sermão da Quinta Quarta-Feira da Quaresma*, pregado na Misericórdia de Lisboa, no ano de 1669, há um tetracolo (núcleo do predicado + nos + objeto (= a atenção) + sujeito; o segundo constituído) e um isócolo de cinco membros: oração subordinada temporal reduzida de gerúndio (vendo + artigo + núcleo do objeto direto + de + artigo + substantivo) + oração principal + como se fora muito + adjetivo.

> Divertem-nos a atenção os pensamentos, suspendem-nos a atenção os cuidados, prendem-nos a atenção os desejos, roubam-nos a atenção os afetos, e por isto, vendo a vaidade do mundo, imos após ela, como se fora muito sólida; vendo o engano da esperança, confiamos nela, como se fora muito certa; vendo a fragilidade da vida, fundamos sobre ela castelos, como se fora muito firme; vendo a inconstância da fortuna, seguimos suas promessas, como se foram muito seguras; vendo a mentira de todas as coisas humanas, cremos nelas, como se foram muito verdadeiras.

Figuras de acumulação I: conglobação ou enumeração ou epimerismo

No terceiro capítulo da primeira parte do romance *Grotão do café amarelo*, de Francisco Marins, ocorre a seguinte passagem:

> Maria Amélia imaginou logo o lugar do jardim, com palmeirinhas silvestres, trepadeiras e guembês. Mas, assim como fazia a mãe, em Santana, além das flores para encher os olhos e dar perfumes, iria fazer nos fundos canteirinhos de plantas úteis, pois numa casa não devia faltar nunca, ao lado dos cravos, de várias cores, do bico-de-papagaio, das malvas, girassol, esporinha, palma-de-santa-rita, boca-de-leão, margaridas, brinco-de-princesa, copo-de-leite, rosas e não sei que mais, a hortelã, o coentro, erva-cidreira, sabugueiro, losna, erva-doce, marcelinha, para os chás e os temperos.

Observe-se que o narrador não se limita a dizer que Maria Amélia imaginou um jardim com flores e plantas úteis, mas enumera o que ele teria (palmeirinhas silvestres, etc.), quais seriam as flores (cravos, rosas, etc.) e as plantas úteis nele plantadas (hortelã, coentro, etc.).

Trata-se da figura retórica denominada *conglobação*, *enumeração* ou *epimerismo* (do grego *epimerismós*, que significa "divisão, distribuição, enumeração detalhada", termo formado de *epi*, "sobre", e *merismós*, "partilha, divisão"), que consiste em enumerar os diversos aspectos de um objeto (por exemplo, seus constituintes) ou de um evento (por exemplo, suas consequências). Expande-se o texto e, com isso, intensifica-se o sentido: por exemplo, é muito mais vívido dizer que o jardim teria cravos, rosas, margaridas, bocas-de-leão, etc. do que dizer apenas que teria flores.

No capítulo XLV de *Memórias póstumas de Brás Cubas*, o narrador conta um velório e um enterro por meio de um epimerismo, afirmando, no entanto, que se trata de um inventário para um capítulo que não escreve. De fato, ele o faz com maestria:

142 Figuras de retórica

> Soluços, lágrimas, casa armada, veludo preto nos portais, um homem que veio vestir o cadáver, outro que tomou a medida do caixão, caixão, essa, tocheiros, convites, convidados que entravam, lentamente, a passo surdo, e apertavam a mão à família, alguns tristes, todos sérios e calados, padre e sacristão, rezas, aspersões d'água benta, o fechar do caixão, a prego e martelo, seis pessoas que o tomam da essa, e o levantam, e o descem a custo pela escada, não obstante os gritos, soluços e novas lágrimas da família, e vão até o coche fúnebre, e o colocam em cima e traspassam e apertam as correias, o rodar do coche, o rodar dos carros, um a um... Isto que parece um simples inventário, eram notas que eu havia tomado para um capítulo triste e vulgar que não escrevo.

O epimerismo está relacionado à nomeação. Todos os elementos enumerados têm um traço semântico comum. No primeiro exemplo, são flores ou são plantas úteis, etc. Há, no entanto, o que é chamado enumeração caótica, em que os elementos mais díspares são colocados lado a lado, ganhando uma equivalência, para apresentar algum aspecto da realidade. Esse procedimento foi bastante usado pelo poeta norte-americano W. Whitman. Veja-se, por exemplo, um trecho do poema "Uma mulher espera por mim":

> Sexo contém tudo, corpos, almas,
> significações, provas, purezas, finezas, consequências, divulgações,
> canção, ordens, saúde, orgulho, o mistério maternal e o leite seminal.

Com essa conglobação, o poeta mostra que o sexo não pode ser definido univocamente, porque contém uma multiplicidade de aspectos que se justapõem desordenadamente, desafiando qualquer classificação. Álvaro de Campos, heterônimo de Fernando Pessoa, para exprimir o dinamismo, a complexidade e a simultaneidade, vale-se desse procedimento. Veja-se este passo do poema "Passagem das horas":

> Passa tudo, todas as coisas num desfile por mim dentro,
> E todas as cidades do mundo, rumorejam-se dentro de mim...
> Meu coração tribunal, meu coração mercado, meu coração sala
>   da Bolsa, meu coração balcão de Banco,]
> Meu coração *rendez-vous* de toda a humanidade,
> Meu coração banco de jardim público, hospedaria,
>   Estalagem, calabouço número qualquer cousa. [...]]
> Meu coração clube, sala, plateia, capacho, *guichet*, portaló,
> Ponte, cancela, excursão, marcha, viagem, leilão, feira, arraial.

As naturezas-mortas, com sua luxuriante apresentação de frutas, de flores, etc., são uma espécie de epimerismo visual.

Figuras de acumulação II: metábole ou sinonímia

Há uma passagem na parte intitulada "Moleque de rua" do conto "Paulinho Perna Torta", que se encontra no livro *Leão de chácara*, de João Antônio, em que se usa uma série grande de sinônimos para a palavra dinheiro:

> Eu bem podia me virar na Estação da Luz. Também rendia lá. Fazia ali muito freguês de subúrbio e até de outras cidades, Franco da Rocha, Perus, Jundiaí... Descidos do trem, marmiteiros ou trabalhadores do comércio, das lojas, gente do escritório da estrada de ferro, todo esse povo de gravata que ganha mal. Mas que me largava o carvão, o mocó, a gordura, o maldito, o tutu, o pororó, o mango, o vento, a granuncha. A seda, a gaita, a grana, a gaitolina, o capim, o concreto, o abre-caminho, o cobre, a nota, a manteiga, o agrião, o pinhão. O positivo, o algum, o dinheiro. Aquele um de que eu precisava para me aguentar nas pernas sujas, almoçando banana, pastéis, sanduíches. E com que pagava para dormir a um canto com os vagabundos lá nos escuros da Pensão do Triunfo.

O autor mostra, por meio de um acúmulo de sinônimos, a onipresença da preocupação do dinheiro na vida dos desvalidos, que não têm trabalho e vivem na viração.

Trata-se do procedimento retórico conhecido como *sinonímia* ou *metábole* (do grego *metábole*, que significa "variação"), em que se estende o enunciado com muitos sinônimos, para dar ênfase ao sentido.

Sinônimo é o uso de diferentes significantes para o mesmo significado: por exemplo, *rórido* e *orvalhado*. No entanto, é preciso considerar que não existem sinônimos perfeitos. O que há são aproximações de sentido. Dizemos que duas palavras são sinônimas quando seus significados mantêm uma intersecção, pois jamais eles se recobrem completamente. Se seus sentidos fossem idênticos, deveriam ser intercambiáveis em todos os contextos e obedecer às mesmas condições de emprego. Por exemplo, *jovem* e *novo* são sinônimos. No entanto, seus significados não são idênticos, pois não podem ser permutados em todos os contextos: ambos qualificam um nome humano (homem jovem, homem novo), mas *jovem* não se aplica aos não humanos (pode-se dizer um livro novo, mas não um livro jovem). As expressões *em decúbito dorsal* e *de costas* são sinônimas. No entanto, suas condições de emprego não são as mesmas: a primeira é empregada em contextos técnicos, por exemplo, na Medicina Legal, a segunda é usada na linguagem comum.

Dizer que não há sinônimos perfeitos não significa que não haja sinônimos. Dizemos que duas palavras são sinônimas, quando são substituíveis no mesmo contexto, sem mudança do sentido básico. Palavras como *urinar* e *mijar* são substituíveis no mesmo contexto e, embora a segunda seja mais grosseira do que a primeira, o sentido básico do que está sendo dito não se altera, quando se troca uma pela outra. Por isso, são sinônimas.

Analisemos mais detidamente por que os significados dos sinônimos não são idênticos:

1. Porque não são intercambiáveis em todos os contextos, isto é, não se associam com todas as palavras: *baio* e *moreno* são sinônimos, mas o primeiro só se aplica a equinos, enquanto o segundo se associa aos humanos e a partes do corpo humano; *pampa* e *malhado* são sinônimos, mas o primeiro só se aplica a equinos, enquanto o segundo se associa a outros animais; *soldo, salário* e *honorário* são sinônimos, mas o primeiro se aplica à remuneração dos militares; o segundo, à dos que exercem trabalho assalariado; o terceiro, à dos profissionais liberais; *cortar, decepar* e *amputar* são sinônimos, mas o primeiro é mais geral, enquanto o segundo e o terceiro aplicam-se a partes do corpo, sendo que o terceiro é usado em contexto médico.

2. Porque têm condições diferentes de emprego discursivo:

   2.1. têm valor social ou expressivo distinto: *barbeiro* e *cabeleireiro* pertencem ao mesmo nível de linguagem, mas a primeira é uma designação menos prestigiosa que a segunda:

      2.1.1. um tem uma intensidade maior que o outro: *repudiar/rejeitar*; *berrar/gritar*; *suplicar/pedir*; *mourejar/trabalhar*; *miserável/pobre*; *caos/confusão/desordem*; *adorar/amar*; *desgraçado/infeliz*; *rejeitar/declinar*; *abandonar/deixar*;

      2.1.2. um implica aprovação ou censura moral, enquanto o outro é mais ou menos neutro: *beato/carola/religioso*; *gana/vontade*; *vício/defeito*; *estroina/gastador*; *econômico/seguro*.

2.2. são variantes: *dar bola* e *mostrar interesse* são variantes lexicais diafásicas, porque, embora sejam sinônimos, não podem figurar no mesmo tipo de discurso, já que pertencem a registros de língua diferentes; sua escolha está adaptada ao contexto social de comunicação:

2.2.1. são variantes diacrônicas (arcaísmos, neologismos, etc.): *nonada/ ninharia*; *avença/acordo*; *defesos/proibidos*; *alveitar/veterinário*; *físico/médico*;

2.2.2. são variantes diatópicas (regionalismos, lusitanismos, brasileirismos, etc.): *sanga/regato*; *prenda/moça*; *china/prostituta*; *fifó/ lamparina*; *peitica/implicância*; *elétrico/bonde*; *comboio/trem*;

2.2.3. são variantes diastráticas (jargões profissionais, gírias, fala infantil, etc.): *papi/pai*; *óbito/morte*; *escabiose/sarna*; *dipsomaníaco/ alcoólatra/beberrão*; *esposa/mulher/patroa*;

2.2.4. são variantes diafásicas (um é mais castiço que outro, um é mais coloquial ou vulgar que outro): *passamento/morte*; *aura/zéfiro/brisa*; *ósculo/beijo*; *pélago/oceano*; *linfa/água*; *pomo/fruto*; *obumbrar/ escurecer*; *falaz/enganador*; *grana/dinheiro*; *boia/comida*; *jamegão/ assinatura*; *pifar/quebrar*; *curtir/fruir*; *gringo/estrangeiro*.

A sinonímia é um fenômeno inerente às línguas naturais. Por isso, ela dissemina-se por todo o léxico. O matemático russo Andrei Kolgomorov demonstrou que a poesia é impossível nas línguas artificiais, porque elas não têm sinônimos (apud Lotman, 1981: 85). Entretanto, quanto mais uma área conceptual apresenta interesse e importância para a comunidade cultural mais produz sinônimos. Por isso, os domínios da sexualidade, do dinheiro, das bebidas, dos jogos, da doença e da morte apresentam muitos sinônimos.

Pedro Nava é um autor que tem um grande cuidado na seleção vocabular. Num dos passos do terceiro volume de suas memórias, intitulado *Chão de ferro*, ele vai falar de um instrutor militar que dizia um termo e dobrava-o, imediatamente, com um sinônimo, para fixar aquilo que ele dizia. O início é a transcrição de um trecho das memórias de Pedro Dantas. Em seguida, num tom francamente humorístico, vai continuando a narrativa, seguindo o mesmo modelo:

"A bala, ou projetil, sai, ou parte, do fuzil, ou arma. Quando o homem, ou soldado, ouve, ou escuta, o silvo, ou ruído, da bala, ou projetil, joga-se, ou atira-se, por terra, ou chão". Com numerosas variantes ouvi essa técnica de defesa, ou proteção, que o infante, ou praça devia empregar ou usar, ao primeiro sibilo, ou assovio da refrega,

146 Figuras de retórica

ou combate. Era deitar imediatamente e contra-atacar dessa posição, tentando de todos os modos exterminar, ou matar, o inimigo, ou adversário. Devia-se mirar cuidadosamente o crânio, mandar bala no dito e se a distância era grande, não permitindo requintes de pontaria, tentar-se-ia acertar no centro, ou meio, da silhueta, ou vulto e destarte, ou assim, era certo, ou seguro, atingir, ou ferir, o abdome, ou ventre. (Rio de Janeiro: José Olympio, 1976: 90)

No início do capítulo X de *A cidade e as serras*, de Eça de Queirós, usa-se uma série de atributos para descrever o tempo e a mudança meteorológica num exemplo interessante de metábole:

Numa dessas manhãs – justamente na véspera do meu regresso a Guiães, – o tempo, que andara pela serra tão alegre, num inalterado riso de luz rutilante, todo vestido de azul e ouro, fazendo poeira pelos caminhos, e alegrando toda a Natureza, desde os pássaros aos regatos, subitamente, com uma daquelas mudanças que tornam o seu temperamento tão semelhante ao do homem, apareceu triste, carrancudo, todo embrulhado no seu manto cinzento, com uma tristeza tão pesada e contagiosa que toda a serra entristeceu. E não houve mais pássaro que cantasse, e os arroios fugiram para debaixo das ervas, com um lento murmúrio de choro.

Nesta passagem de *Grande sertão: veredas*, de Guimarães Rosa, enfileiram-se vocábulos designativos do demônio para mostrar sua onipresença e, portanto, sua importância para Riobaldo:

E as ideias instruídas do senhor me fornecem paz. Principalmente a confirmação, que me deu de que o Tal não existe; pois é não? O Arrenegado, o Cão, o Cramulhão, o Indivíduo, o Galhardo, o Pé-de-Pato, o Sujo, o Homem, o Tisnado, o Coxo, o Temba, o Azarape, o Coisa-Ruim, o Mafarro, o Pé-Preto, o Canho, o Duba-Dubá, o Rapaz, o Tristonho, o Não-sei-que-diga, O-que-nunca-se-ri, o Sem-Gracejos... Pois, não existe! E se não existe, como é que se pode se contratar pacto com ele? (Rio de Janeiro: Nova Aguilar, 1994: 31).

Figuras de acumulação III: gradação (clímax e anticlímax), concatenação ou epíploce, sorites

No segundo terceto do soneto a Maria dos Povos, Gregório de Matos, assim figurativiza o tema da fugacidade da vida:

Ó não guardes, que a madura idade
te converta essa flor, essa beleza,
em terra, em cinzas, em pó, em sombra, em nada.

No último verso, o poeta dispõe em ordem crescente de intensidade as palavras que indicam em que se transforma, com o tempo, a beleza. Cinza é mais forte do que terra, pois é a "terra" calcinada; pó é mais vigoroso do que cinzas, pois remete a enunciados muito presentes na nossa memória para falar da morte (Lembra-te, ó homem, que és pó e em pó te hás de tornar); sombra é ainda mais potente, porque ela é uma realidade desmaterializada; nada é ainda mais intenso, porque denota a dissolução total.

Temos, nesse exemplo, a figura denominada *gradação* ou *clímax* (do grego *klímax*, que significa "escada"), em que se amplifica o enunciado, numa intensificação crescente, com palavras ou grupo de palavras de significado relacionado. A gradação é, pois, uma sequência de significados dispostos numa ordem ascendente, em que o posterior diz um pouco mais do que o anterior:

Porque dizer não a quem pede é dar-lhe uma bofetada com a língua, *tão dura, tão áspera, tão injuriosa* palavra é um não.

(Parte I do *Sermão da Terceira Quarta-Feira da Quaresma*, de Vieira)

148 Figuras de retórica

> Por que razão, pensando em todas as coisas, não conseguira ela apressar o casamento de Estácio? Estácio continuava *a hesitar, a recuar, a adiar*; pedia tempo para refletir.
>
> (Capítulo IX de *Helena*, de Machado de Assis)

> Voltemos à casinha. Não serias capaz de lá entrar hoje, curioso leitor; *envelheceu, enegreceu, apodreceu*, e o proprietário deitou-a abaixo para substituí-la por outra, três vezes maior, mas juro-te que muito menor que a primeira.
>
> (Capítulo LXX de *Memórias póstumas de Brás Cubas*, de Machado de Assis)

> Arranca o estatuário uma pedra dessas montanhas, *tosca, bruta, dura, informe*, e, depois que desbastou o mais grosso, toma o maço e o cinzel na mão, e começa a formar um homem, primeiro membro a membro, e depois feição por feição, até a mais miúda.
>
> (Parte VI do *Sermão do Espírito Santo*, de Vieira)

A gradação pode também ser descendente. Nesse caso, em que é denominada *anticlímax*, colocam-se os termos numa sequência que vai do mais intenso para o menos intenso. Neste passo do capítulo III de *Dom Casmurro*, de Machado de Assis, em que José Dias se desculpa: "Se soubesse, não teria falado, mas falei *pela veneração, pela estima, pelo afeto, para cumprir um dever amargo*, um dever amaríssimo..." – há uma gradação descendente. Com efeito, o sentimento de veneração é mais forte do que o de estima, este é mais vigoroso do que o de afeto, este tem uma força maior do que o simples cumprimento do dever. Também nos dois exemplos que seguem, temos gradações descendentes:

> Camargo adorava Eugênia: era a sua religião. Concentrara esforços e pensamentos em fazê-la feliz, e para o alcançar não duvidaria empregar, se necessário fosse, *a violência, a perfídia e a dissimulação.*
>
> (Capítulo XIV de *Helena*, de Machado de Assis)

> Guiomar refletiu ainda muito e muito, e não refletiu só, devaneou também, soltando o pano todo a essa veleira escuna da imaginação, em que todos navegamos alguma vez na vida, quando nos cansa a terra firme e dura, e chama-nos o mar vasto e sem praias. A imaginação dela porém não *era doentia, nem romântica, nem piegas, nem lhe dava para ir colher flores em regiões selváticas ou adormecer à beira de lagos azuis.*
>
> (Capítulo X de *A mão e a luva,* de Machado de Assis)

Um tipo particular de gradação é o que se chama *concatenação* ou *epíploce* (do grego *epiploké*, que significa "entrelaçamento"). Nela, dispõem-se as sequências umas depois das outras, retomando um elemento do sintagma anterior no seguinte, encadeando-os assim uns aos outros:

> Das demasias da sua gula inferiam a brevidade da sua vida. O dia dos banquetes era a véspera do dia da morte. A gula havia de cantar as vésperas hoje, e a morte as havia de chorar amanhã: *Cras enim moriemur.* – Não alego Hipócrates nem Galenos, que assim definem esta brevidade, porque não são necessários os aforismos da sua arte onde temos os da nossa experiência. *Das intemperanças do comer, por mais que o tempere a gula, nascem as cruezas; das cruezas a confusão e discórdia dos humores; dos humores discordes e descompostos as doenças; e das doenças a morte.* Suposto, pois, que todos havemos de morrer, e todos imos para a sepultura, o maior favor que Deus pode conceder a um mortal é que morra e chegue lá mais tarde.

> (Parte IX do *Sermão do Quarto Domingo Depois da Páscoa*, de Vieira)

Nesse caso, falando das consequências do pecado da gula, Vieira dispõe os termos numa gradação ascendente: intemperanças, cruezas, confusão e discórdia dos humores do corpo, doenças e morte. Essa disposição, no entanto, é constituída por um entrelaçamento das sequências: da primeira sequência – das intemperanças do comer nascem as cruezas – retoma-se o termo cruezas na segunda e assim sucessivamente. São exemplos de epíploce estes trechos de sermões de Vieira:

> Pompeu Magno era genro de Júlio César; e César sogro de Pompeu: e quais foram as dissensões destas duas grandes cabeças, e por que causas? Lucano o disse, e ponderou excelentemente: *Nec quemquam jam ferre potest Caesar ve priorem, Pompeus ve parem:* César que afetava o império, não podia sofrer ver-se menor que Pompeu: *Caesar ve priorem.* M. Pompeu, que o sustentava, não podia sofrer que César lhe fosse igual: *Pompeus ve parem.* – E desta malsofrida desigualdade se originaram os desgostos, dos desgostos nasceram as discórdias, das discórdias as parcialidades, das parcialidades a divisão de Roma, e da divisão as guerras mais que civis.

> (Parte VII do *Sermão nas Exéquias da Rainha*)

> Tanto que Deus aparecer no mundo, tão pequeno como um cordeiro, como eu o hei de mostrar com o dedo, os montes e outeiros se hão de abater e derrubar por si mesmos, e encher os vales, e não há de haver altos e baixos na terra: tudo há de ser igual. E que montes e outeiros são estes? Os montes são os da primeira nobreza e do primeiro poder; os outeiros são os da segunda. E posto que na Cristandade temos exemplos de alguns, que voluntariamente se abateram, os demais estão tão fora disso e os mesmos vales também, *que os vales aspiram a ser outeiros, os outeiros a ser montes, os montes a ser Olimpos e exceder as nuvens.*

> (Parte V do *Sermão XVI do Rosário*)

150 Figuras de retórica

Um caso de epíploce é o silogismo denominado *sorites* (do grego *soreítes*, que quer dizer "que acumula", adjetivo formado a partir do substantivo *soreía*, que significa "pilha, monte, montão"). O sorites é um polissilogismo, em que um elemento do predicado da primeira proposição é retomado como sujeito da segunda e assim sucessivamente até que na conclusão se unem o sujeito da primeira premissa com o predicado da última. Um exemplo repetido nos manuais de filosofia é: "A Grécia é governada por Atenas; Atenas é governada por mim; Eu sou governado pela minha mulher; Minha mulher é governada por meu filho de 10 anos; Logo, a Grécia é governada por uma criança de 10 anos." No poema IX de *O guardador de rebanhos*, de Alberto Caeiro, um dos heterônimos de Fernando Pessoa, aparece este exemplo:

> Sou um guardador de rebanhos.
> O rebanho é meus pensamentos
> e os meus pensamentos são todos sensações.

A conclusão desse raciocínio é "Eu sou as sensações", unindo o predicado da última proposição ao sujeito da primeira.

Figuras de acumulação IV: antítese

Na letra de uma música de Caetano Veloso ("Quereres"), explicita-se um brilhante jogo de oposições, de contradições, de contraposições, para mostrar as inadequações do amor real, onde nem tudo é "métrica e rima", mas também "dor":

> Onde queres o ato, eu sou o espírito
> E onde queres ternura, eu sou tesão
> Onde queres o livre, decassílabo
> E onde buscas o anjo, sou mulher
> Onde queres prazer, sou o que dói
> E onde queres tortura, mansidão
> Onde queres um lar, revolução
> E onde queres bandido, sou herói.

Opõe-se o espírito ao ato; o tesão à ternura; o decassílabo ao verso livre; a mulher ao anjo; a dor ao prazer; a mansidão à tortura; a revolução ao lar; o herói ao bandido. Trata-se da figura denominada *antítese* (do grego *antí*, "em face de", "em oposição a", e *tésis*, "proposição", "afirmação", "tese"), em que se alarga o sentido, salientando a oposição entre dois segmentos linguísticos (palavras, sintagmas, orações ou unidades maiores do que o período), para dar maior intensidade ao dizer. O fundamento lexical da antítese é a antonímia. Saussure afirma que na língua só há diferenças. Isso quer dizer que só se compreende o sentido, quando se apreende uma oposição, que, normalmente, fica implícita. Na canção "Certas coisas", de Lulu Santos e Nelson Motta, explora-se, com antíteses, essa ideia de que o sentido nasce da diferença:

> Não existiria som
> Se não houvesse o silêncio
> Não haveria luz
> Se não fosse a escuridão
> A vida é mesmo assim,
> Dia e noite, não e sim.

152 Figuras de retórica

A antítese é um acúmulo de significados, porque se explicitam as oposições implícitas na construção dos sentidos. Isso para intensificar o que se diz, mostrando contradições e contrariedade presentes no objeto de que se fala.

Como se disse acima, podem contrapor-se nessa construção quaisquer segmentos linguísticos: a) palavras: "Mas que é a vida senão uma combinação de *astros* e *poços*, *enlevos* e *precipícios*? O melhor meio de escapar aos precipícios é fugir aos enlevos" (capítulo v de *Ressurreição*, de Machado de Assis); b) sintagmas: "Olhai como Amor gera, em um momento,/ De lágrimas *de honesta piedade*/ Lágrimas *de imortal contentamento*" (soneto 5 de Camões); c) orações: "Tristeza não tem fim/ Felicidade, sim" ("A felicidade", de Tom Jobim e Vinicius de Moraes). Uma antítese pode construir-se com negações e afirmações, como se vê neste passo de Manuel Bernardes: "Este mundo não é pátria nossa, é desterro, não é morada, é estalagem; não é porto, é mar por onde navegamos" (primeiro ponto da meditação i de *Meditações sobre os quatro novíssimos do homem, morte, juízo, inferno e paraíso*).

A antítese pode ser erigida em princípio de composição de um texto. Nesse caso, ela ultrapassa as dimensões do período. É o que ocorre no romance *Esaú e Jacó*, de Machado de Assis, em que se narra a história de Pedro e Paulo, em tudo opostos desde o ventre materno. As antíteses aparecem em todos os níveis da composição. As matrizes míticas sobre as quais, interdiscursivamente, se assenta a narrativa são os mitos de gêmeos que em tudo se chocam: Esaú e Jacó, filhos de Isaac (*Gênese*, 25, 22-33), Castor e Pólux, filhos de Júpiter e de Leda. Uma referência importante, título de capítulo xv, é um verso do *Dies irae*, hino da antiga liturgia da missa dos defuntos: *Teste David cum Sybilla*, em que se faz referência à personagem bíblica e à profetiza da antiga Roma, contrapondo-se o cristão ao pagão. Os gêmeos são opostos em tudo; não há neles nenhuma conciliação: Pedro é monarquista; Paulo é republicano; no capítulo xxxvii, Pedro interpreta a libertação dos escravos como um ato de justiça; Pedro, como o início da revolução, em que, depois de emancipado o preto, resta emancipar o branco; determina-se que Pedro seria médico, o que se confirma quando entra para a Faculdade de Medicina do Rio de Janeiro, onde se forma; decide-se que Paulo será advogado, o que se realiza quando ingressa na Faculdade de Direito de São Paulo, onde se torna bacharel em direito (cf. capítulos viii e xxxv). Os títulos dos capítulos são muitas vezes antíteses: "Melhor de descer que de subir" (capítulo ii); "Robespierre e Luís xvi" (capítulo xxiv); "Cousas passadas, cousas futuras" (capítulo cxviii). Ao longo de todo o livro, são abundantes as antíteses no nível do enunciado: "O que o berço dá só a cova o tira, diz um velho adágio nosso" (capítulo XII); "É dele esta frase do *Memorial*: 'Na mulher, o sexo corrige a banalidade; no homem, agrava'" (capítulo XXXI).

A antítese serve para mostrar as sutilezas da análise da realidade, onde se acotovelam incongruências, oposições, incoerências:

> Porque entre os servos de Deus há esta diferença: uns são servos de Deus porque servem a Deus; outros são servos de Deus porque Deus se serve deles. Os que são servos de Deus porque servem a Deus, necessariamente hão de ser bons; os que são servos de Deus porque Deus se serve deles, bem podem ser maus. Eis aqui a diferença com que Jó e Nabucodonosor, sendo tão dessemelhantes na vida, ambos eram servos de Deus nas obras. Jó, como santo, era servo de Deus, porque servia a Deus; Nabucodonosor, como mau, era servo de Deus, porque Deus se servia dele. Bons e maus, todos podem servir a Deus. Os bons sirvam a Deus, os maus sirva-se Deus deles. Assim aconteceu a S. Roque no pão com que se sustentava. Servia-o o homem, em que havia piedade, e servia-o o cão, que era incapaz de virtude. Um servia por discurso, outro servia por instinto, mas ambos serviam.
>
> (Parte VI do *Sermão de São Roque*, de Vieira)
>
> Querido Deus, tudo o que peço para 2011 é uma gorda conta bancária e um corpo magro! Favor não misturar as coisas, como fez no ano passado (Sérgio K, estilista)
>
> (*Veja*, 28/12/2011, p. 170)

No domínio da linguagem visual, a antítese é construída pelo contraste de elementos plásticos como cores, formas, posições; na música, pela oposição de tons. Lúcia Teixeira, em artigo publicado na *Revista da Anpoll* (nº 2, p. 95-108), mostra a antítese que configura a cena retratada no quadro *Arrufos*, de Belmiro de Almeida. Nele, por exemplo, constrói-se uma oposição entre verticalidade, colocada no alto, à direita, e a horizontalidade, no baixo, à esquerda. A figura masculina representada predominantemente por cores escuras, impassível a observar a fumaça do charuto, opõe-se à figura feminina retratada por cores claras, prostrada no chão, em desalinho. Elas veiculam os temas da contenção e indiferença masculina em oposição ao capricho e ao voluntarismo feminino. Essa antítese denota uma visão acerca das relações homem *vs*. mulher, que se funda na superioridade e na submissão.

Figuras de acumulação V: hipotipose

Na quarta parte do poema *O navio negreiro*, de Castro Alves, o poeta faz uma descrição vívida do navio negreiro, que põe diante de nossos olhos o que é chamado de "cena infame e vil":

Era um sonho dantesco... O tombadilho
Que das luzernas avermelha o brilho,
    Em sangue a se banhar.
Tinir de ferros... estalar do açoite...
Legiões de homens negros como a noite,
    Horrendos a dançar...

Negras mulheres, suspendendo às tetas
Magras crianças, cujas bocas pretas
    Rega o sangue das mães:
Outras, moças... mas nuas, espantadas,
No turbilhão de espectros arrastadas,
    Em ânsia e mágoa vãs.

E ri-se a orquestra, irônica, estridente...
E da ronda fantástica a serpente
    Faz doudas espirais...
Se o velho arqueja... se no chão resvala,
Ouvem-se gritos... o chicote estala.
    E voam mais e mais...

Presa nos elos de uma só cadeia,
A multidão faminta cambaleia,
    E chora e dança ali!
Um de raiva delira, outro enlouquece...
Outro, que de martírios embrutece,
    Cantando, geme e ri!

A descrição denominada *écfrase* (do grego *ékphrasis*, que significa "descrição") recebeu uma atenção particular dos estudiosos de retórica. Os exemplos clássicos na literatura épica antiga são a descrição do escudo de Aquiles feita por Homero na *Ilíada* (XVIII, 478-608) e a do escudo de Eneias elaborada por Virgílio na *Eneida* (VIII, 626-731). A écfrase recebeu uma série de nomes, de acordo com o acento que cada autor punha em suas finalidades. Foi chamada *hipotipose, diatipose, enargia, evidência, demonstração, ilustração...* Todas essas denominações são sinônimas. Vamos reter aqui os nomes *hipotipose* (do grego *hypotypósis*, que quer dizer "representação", "modelo", "imagem", "quadro") e *enargia* (do grego *enargéia*, que indica "visão clara e distinta, clareza, evidência, o que se deixa ver").

Poder-se-ia perguntar se qualquer descrição é uma hipotipose. A resposta é não. Para a retórica antiga, essa figura pinta as coisas de um modo tão vivo e enérgico, que parece colocá-las sob os olhos do leitor. A figuratividade é uma forma de construir discursos, os figurativos, organizados preponderantemente com palavras concretas, as figuras. A hipotipose intensifica essa propriedade da linguagem, é a saturação da figuratividade. É, portanto, uma descrição que apresenta uma saliência perceptiva, o que significa que ela é tingida pela subjetividade daquele que descreve, o que lhe dá uma intensidade muito grande. A hipotipose necessita de uma ênfase redundante. Por isso, essa descrição caracteriza-se pela acumulação de detalhes sensíveis expressos por adjetivos e advérbios. Ela é a figura-chave de construção da mimese, ou seja, da representação da realidade. Ademais, se ela como que coloca o que é descrito sob os olhos do leitor, então só ocorre hipotipose, quando se descrevem coisas passadas ou "irreais", que são atualizadas como se pertencessem ao universo atual do narrador. Também é preciso fazer o leitor entrar no universo descrito. As descrições são feitas sempre no presente (presente do presente, que é o tempo que chamamos presente, ou presente do passado, o tempo que denominamos pretérito imperfeito). Para fazer o leitor mergulhar no universo descrito é preciso associar o *aqui* do que descreve ao *aqui* do que lê. Assim, usam-se dêiticos, como aqui, lá, etc.

Tudo isso nos mostra que uma descrição de um lugar num guia de turismo ou do local de um crime num depoimento policial não são hipotiposes. Essa figura torna o invisível visível. Daí a importância que têm nela os termos ligados à visão. Ela aproxima a linguagem verbal da pintura: "*ut pictura poesis*" (a poesia é como um quadro) (Horácio, *Arte poética*, v. 361); "*Magne virtus res de quibus loquimur clare atque ut cerni videantur enuntiare. Non enim satis efficit neque, ut debet, plene dominatur oratio, si usque ad aures valet, atque ea sibi iudex de quibus cognoscit narrari credit, non exprimi et oculis mentis ostendi*" (É uma grande qualidade

156 Figuras de retórica

aquela de apresentar as coisas das quais se fala com tal clareza que elas parecem estar sob nossos olhos. De fato, o discurso não produz um efeito suficiente e não exerce plenamente a impressão que deve exercer se seu poder se limita aos ouvidos e se o juiz acredita que para ele é feito tão somente o relato dos fatos que conhece em vez de colocá-los em relevo e de torná-los ostensivos aos olhos do espírito) (Quintiliano, VIII, 3,62).

No *Navio negreiro*, de Castro Alves, antes de chegarmos à quarta parte, em que se descreve, com riqueza de detalhes sensoriais, o que se passa no tombadilho (por exemplo, pormenores visuais (avermelha, sangue), auditivos (tinir de ferros, estalar do açoite, gritos, arquejo), cinésicos (cambaleia, dança)), o poeta associa o leitor a sua visão do mar (na primeira parte, repete quatro vezes "Stamos em pleno mar", oração em que o uso da primeira pessoa do plural coloca na cena tanto o enunciador quanto o enunciatário). Na terceira parte, o dêitico *aí* posiciona o leitor no mesmo plano do poeta, para ver (observe-se que o verbo *ver* é explicitamente enunciado) o que se passa no navio:

> Desce do espaço imenso, ó águia do oceano!
> Desce mais... inda mais... não pode olhar humano
> Como o teu mergulhar no brigue voador!
> Mas que vejo eu aí... Que quadro d'amarguras!
> É canto funeral!... Que tétricas figuras!...
> Que cena infame e vil... Meu Deus! Meu Deus! Que horror!

Vieira, na sexta parte do *Sermão da Sexagésima*, ao ilustrar sua tese de que o sermão deve ter uma só matéria, vale-se da metáfora da árvore. Antes de começar a enunciá-la, pergunta aos ouvintes se querem ver tudo com os olhos e convida-os então a ver:

> Não nego nem quero dizer que o sermão não haja de ter variedade de discursos, mas esses hão de nascer todos da mesma matéria e continuar e acabar nela. Quereis ver tudo isto com os olhos?
> Ora vede. Uma árvore tem raízes, tem tronco, tem ramos, tem folhas, tem varas, tem flores, tem frutos. Assim há de ser o sermão: há de ter raízes fortes e sólidas, porque há de ser fundado no Evangelho; há de ter um tronco, porque há de ter um só assunto e tratar uma só matéria; deste tronco hão de nascer diversos ramos, que são diversos discursos, mas nascidos da mesma matéria e continuados nela; estes ramos hão de ser secos, senão cobertos de folhas, porque os discursos hão de ser vestidos e ornados de palavras. Há de ter esta árvore varas, que são a repreensão dos vícios; há de ter flores, que são as sentenças; e por remate de tudo, há de ter

frutos, que é o fruto e o fim a que se há de ordenar o sermão. De maneira que há de haver frutos, há de haver flores, há de haver varas, há de haver folhas, há de haver ramos; mas tudo nascido e fundado em um só tronco, que é uma só matéria. Se tudo são troncos, não é sermão, é madeira. Se tudo são ramos, não é sermão, são maravalhas. Se tudo são folhas, não é sermão, são versas. Se tudo são varas, não é sermão, é feixe. Se tudo são flores, não é sermão, é ramalhete. Serem tudo frutos, não pode ser; porque não há frutos sem árvore. Assim que nesta árvore, à que podemos chamar "árvore da vida", há de haver o proveitoso do fruto, o formoso das flores, o rigoroso das varas, o vestido das folhas, o estendido dos ramos; mas tudo isto nascido e formado de um só tronco e esse não levantado no ar, senão fundado nas raízes do Evangelho: *Seminare semen*. Eis aqui como hão de ser os sermões, eis aqui como não são. E assim não é muito que se não faça fruto com eles.

O mesmo procedimento é utilizado na terceira parte do *Sermão da Rainha Santa Isabel*, pregado em Roma, na Igreja dos Portugueses, em 1674:

E se quereis ver tudo isto com os olhos em uma admirável figura, ponde-os comigo, ou com S. João, no céu. No capítulo doze do Apocalipse, diz S. João que apareceu no céu um grande prodígio: *Signum magnum apparuit in caelo*, e, declarando logo qual fosse este prodígio e sua grandeza, diz que era uma mulher, que tinha os pés no primeiro céu, que é o céu da lua: *Luna sub pedibus ejus*, o corpo no quarto céu, que é o céu do sol: *Amicta sole*, e a cabeça no oitavo céu, que é o céu das estrelas: *Et in capite ejus corona stellarum duodecim.* Grande mulher, grande prodígio, e grande retrato de Isabel!

Elaboraram-se muitas classificações dos diferentes tipos de écfrase. Uma delas teve grande importância na história da retórica, a que caracterizava as hipotiposes segundo as realidades descritas. As principais categorias dessa classificação são: a prosopografia, a etopeia, o paralelo, a topografia e a cronografia.

A *prosopografia* (do grego *prósopon*, que quer dizer "figura", quando se fala de seres humanos, e *graphé,* "escrita") é a descrição do exterior de uma personagem, ou seja, seus traços físicos, seus gestos. Um exemplo é a descrição de Peri no capítulo IV da primeira parte de *O guarani*, de José de Alencar:

Em pé, no meio do espaço que formava a grande abóbada de árvores, encostado a um velho tronco decepado pelo raio, via-se um índio na flor da idade.
Uma simples túnica de algodão, a que os indígenas chamavam aimará, apertada à cintura por uma faixa de penas escarlates, caía-lhe dos ombros até ao meio da perna, e desenhava o talhe delgado e esbelto como um junco selvagem.
Sobre a alvura diáfana do algodão, a sua pele, cor do cobre, brilhava com reflexos dourados; os cabelos pretos cortados rentes, a tez lisa, os olhos grandes com os

158 Figuras de retórica

cantos exteriores erguidos para a fronte; a pupila negra, móbil, cintilante; a boca forte mas bem modelada e guarnecida de dentes alvos, davam ao rosto pouco oval a beleza inculta da graça, da força e da inteligência.

Tinha a cabeça cingida por uma fita de couro, à qual se prendiam do lado esquerdo duas plumas matizadas, que descrevendo uma longa espiral, vinham rogar com as pontas negras o pescoço flexível.

Era de alta estatura; tinha as mãos delicadas; a perna ágil e nervosa, ornada com uma axorca de frutos amarelos, apoiava-se sobre um pé pequeno, mas firme no andar e veloz na corrida. Segurava o arco e as flechas com a mão direita caída, e com a esquerda mantinha verticalmente diante de si um longo forcado de pau enegrecido pelo fogo.

A *etopeia* (do grego *ethopoiía*, que denota "descrição do caráter") tem por finalidade descrever a maneira de ser de uma personagem (seus costumes, seus vícios, suas virtudes, seus defeitos, suas qualidades morais, enfim, seu caráter). É o que faz Alencar, quando discorre sobre Loredano, no capitulo IX da primeira parte de *O guarani*:

> Em Loredano, o aventureiro de baixa extração, esse sentimento era um desejo ardente, uma sede de gozo, uma febre que lhe requeimava o sangue; o instinto brutal dessa natureza vigorosa era ainda aumentado pela impossibilidade moral que a sua condição criava, pela barreira que se elevava entre ele, pobre colono, e a filha de D. Antônio de Mariz, rico fidalgo de solar e brasão.
>
> Para destruir esta barreira e igualar as posições, seria necessário um acontecimento extraordinário, um fato que alterasse completamente as leis da sociedade naquele tempo mais rigorosas do que hoje; era preciso uma dessas situações em face das quais os indivíduos, qualquer que seja a sua hierarquia, nobres e párias, nivelam-se; e descem ou sobem à condição de homens.
>
> O aventureiro compreendia isto; talvez que o seu espírito italiano já tivesse sondado o alcance dessa ideia; em todo o caso o que afirmamos é que ele esperava, e esperando vigiava o seu tesouro com um zelo e uma constância a toda a prova; os vinte dias que passara no Rio de Janeiro tinham sido verdadeiro suplício.

O *paralelo* é a descrição que confronta, do ponto de vista físico e moral, duas personagens. É o caso da descrição de Cecília e Isabel no capítulo V da primeira parte de *O guarani*, de José de Alencar:

> Caía a tarde.
>
> No pequeno jardim da casa do Paquequer, uma linda moça se embalançava indolentemente numa rede de palha presa aos ramos de uma acácia silvestre, que estremecendo deixava cair algumas de suas flores miúdas e perfumadas.

Os grandes olhos azuis, meio cerrados, às vezes se abriam languidamente como para se embeberem de luz, e abaixavam de novo as pálpebras rosadas.

Os lábios vermelhos e úmidos pareciam uma flor da gardênia dos nossos campos, orvalhada pelo sereno da noite; o hálito doce e ligeiro exalava-se formando um sorriso. Sua tez alva e pura como um froco de algodão, tingia-se nas faces de uns longes cor-de-rosa, que iam, desmaiando, morrer no colo de linhas suaves e delicadas.

O seu trajo era do gosto o mais mimoso e o mais original que é possível conceber; mistura de luxo e de simplicidade.

Tinha sobre o vestido branco de cassa um ligeiro saiote de riço azul apanhado à cintura por um broche; uma espécie de arminho cor de pérola, feito com a penugem macia de certas aves, orlava o talho e as mangas; fazendo realçar a alvura de seus ombros e o harmonioso contorno de seu braço arqueado sobre o seio.

Os longos cabelos louros, enrolados negligentemente em ricas tranças, descobriam a fronte alva, e caíam em volta do pescoço presos por uma rendinha finíssima de fios de palha cor de ouro, feita com uma arte e perfeição admirável.

A mãozinha afilada brincava com um ramo de acácia que se curvava carregado de flores, e ao qual de vez em quando segurava-se para imprimir à rede uma doce oscilação.

Esta moça era Cecília. [...]

Neste ponto do seu sonho, a portinha interior do jardim abriu-se, e outra moça, roçando apenas a grama com o seu passo ligeiro, aproximou-se da rede.

Era um tipo inteiramente diferente do de Cecília; era o tipo brasileiro em toda a sua graça e formosura, com o encantador contraste de languidez e malícia, de indolência e vivacidade.

Os olhos grandes e negros, o rosto moreno e rosado, cabelos pretos, lábios desdenhosos, sorriso provocador, davam a este rosto um poder de sedução irresistível.

A *topografia* (do grego *tópos*, que quer dizer "lugar", e *graphé*, "escrita") tem por objeto a descrição de um lugar. Um exemplo é a descrição do cenário, feita no capítulo I da primeira parte, onde se desenrolarão os acontecimentos narrados por Alencar em *O guarani*:

De um dos cabeços da Serra dos Órgãos desliza um fio de água que se dirige para o norte, e engrossado com os mananciais que recebe no seu curso de dez léguas, torna-se rio caudal.

É o Paquequer: saltando de cascata em cascata, enroscando-se como uma serpente, vai depois se espreguiçar na várzea e embeber no Paraíba, que rola majestosamente em seu vasto leito.

Dir-se-ia que, vassalo e tributário desse rei das águas, o pequeno rio, altivo e sobranceiro contra os rochedos, curva-se humildemente aos pés do suserano. Perde então a beleza selvática; suas ondas são calmas e serenas como as de um lago, e não se revoltam contra os barcos e as canoas que resvalam sobre elas: escravo submisso, sofre o látego do senhor.

Não é neste lugar que ele deve ser visto; sim três ou quatro léguas acima de sua foz, onde é livre ainda, como o filho indômito desta pátria da liberdade.

Aí, o Paquequer lança-se rápido sobre o seu leito, e atravessa as florestas como o tapir, espumando, deixando o pelo esparso pelas pontas do rochedo, e enchendo a solidão com o estampido de sua carreira. De repente, falta-lhe o espaço, foge-lhe a terra; o soberbo rio recua um momento para concentrar as suas forças, e precipita-se de um só arremesso, como o tigre sobre a presa.

Depois, fatigado do esforço supremo, se estende sobre a terra, e adormece numa linda bacia que a natureza formou, e onde o recebe como em um leito de noiva, sob as cortinas de trepadeiras e flores agrestes.

A vegetação nessas paragens ostentava outrora todo o seu luxo e vigor; florestas virgens se estendiam ao longo das margens do rio, que corria no meio das arcarias de verdura e dos capitéis formados pelos leques das palmeiras.

Tudo era grande e pomposo no cenário que a natureza, sublime artista, tinha decorado para os dramas majestosos dos elementos, em que o homem é apenas um simples comparsa.

No ano da graça de 1604, o lugar que acabamos de descrever estava deserto e inculto; a cidade do Rio de Janeiro tinha-se fundado havia menos de meio século, e a civilização não tivera tempo de penetrar o interior.

Entretanto, via-se à margem direita do rio uma casa larga e espaçosa, construída sobre uma eminência, e protegida de todos os lados por uma muralha de rocha cortada a pique.

A esplanada, sobre que estava assentado o edifício, formava um semicírculo irregular que teria quando muito cinquenta braças quadradas; do lado do norte havia uma espécie de escada de lajedo feita metade pela natureza e metade pela arte.

Descendo dois ou três dos largos degraus de pedra da escada, encontrava-se uma ponte de madeira solidamente construída sobre uma fenda larga e profunda que se abria na rocha. Continuando a descer, chegava-se à beira do rio, que se curvava em seio gracioso, sombreado pelas grandes gameleiras e angelins que cresciam ao longo das margens.

Aí, ainda a indústria do homem tinha aproveitado habilmente a natureza para criar meios de segurança e defesa.

De um e outro lado da escada seguiam dois renques de árvores, que, alargando gradualmente, iam fechar como dois braços o seio do rio; entre o tronco dessas árvores, uma alta cerca de espinheiros tornava aquele pequeno vale impenetrável.

A casa era edificada com a arquitetura simples e grosseira, que ainda apresentam as nossas primitivas habitações; tinha cinco janelas de frente, baixas, largas, quase quadradas.

Do lado direito estava a porta principal do edifício, que dava sobre um pátio cercado por uma estacada, coberta de melões agrestes. Do lado esquerdo estendia-se até à borda da esplanada uma asa do edifício, que abria duas janelas sobre o desfiladeiro da rocha.

No ângulo que esta asa fazia com o resto da casa, havia uma coisa que chamaremos jardim, e de fato era uma imitação graciosa de toda a natureza rica, vigorosa e esplêndida, que a vista abraçava do alto do rochedo.

Flores agrestes das nossas matas, pequenas árvores copadas, um estendal de relvas, um fio de água, fingindo um rio e formando uma pequena cascata, tudo isto a mão do homem tinha criado no pequeno espaço com uma arte e graça admirável.

À primeira vista, olhando esse rochedo da altura de duas braças, donde se precipitava um arroio da largura de um copo de água, e o monte de grama, que tinha quando muito o tamanho de um divã, parecia que a natureza se havia feito menina e se esmerara criar por capricho uma miniatura.

O fundo da casa, inteiramente separado do resto da habitação por uma cerca, era tomado por dois grandes armazéns ou senzalas, que serviam de morada a aventureiros e acostados.

Finalmente, na extrema do pequeno jardim, à beira do precipício, via-se uma cabana de sapé, cujos esteios eram duas palmeiras que haviam nascido entre as fendas das pedras. As abas do teto desciam até o chão; um ligeiro sulco privava as águas da chuva de entrar nesta habitação selvagem.

Agora que temos descrito o aspecto da localidade, onde se deve passar a maior parte dos acontecimentos desta história, podemos abrir a pesada porta de jacarandá, que serve de entrada, e penetrar no interior do edifício.

Outro exemplo de topografia é a descrição, claramente subjetiva, da Europa feita no canto III de *Os Lusíadas*, de Camões. Seguem três estrofes dessa descrição (estrofes 6-8):

> Entre a Zona que o Cancro senhoreia,
> Meta setentrional do Sol luzente,
> E aquela que por fria se arreceia
> Tanto, como a do meio por ardente,
> Jaz a soberba Europa, a quem rodeia,
> Pela parte do Arcturo, e do Ocidente,
> Com suas salsas ondas o Oceano,
> E, pela Austral, o mar Mediterrano.

> Da parte donde o dia vem nascendo,
> Com Ásia se avizinha; mas o rio
> Que dos montes Rifeios vai correndo,

162 Figuras de retórica

> Na alagoa Meotis, curvo e frio,
> As divide: e o mar que, fero e horrendo,
> Viu dos Gregos o irado senhorio,
> Onde agora de Troia triunfante
> Não vê mais que a memória o navegante.
>
> Lá onde mais debaixo está do Polo,
> Os montes Hiperbóreos aparecem,
> E aqueles onde sempre sopra Eolo,
> E co'o nome dos sopros se enobrecem.
> Aqui tão pouca força tem de Apolo
> Os raios que no mundo resplandecem,
> Que a neve está contín[u]o pelos montes,
> Gelado o mar, geladas sempre as fontes.

A *cronografia* (do grego *khrónos*, "tempo", e *graphé*, escrita) descreve o tempo em que se desenrola um acontecimento. Um exemplo é a descrição do momento do pôr do sol no capítulo VII da primeira parte de *O guarani*, de Alencar:

> A tarde ia morrendo.
> O sol declinava no horizonte e deitava-se sobre as grandes florestas, que iluminava com os seus últimos raios.
> A luz frouxa e suave do ocaso, deslizando pela verde alcatifa, enrolava-se como ondas de ouro e de púrpura sobre a folhagem das árvores.
> Os espinheiros silvestres desatavam as flores alvas e delicadas; e o ouricuri abria as suas palmas mais novas, para receber no seu cálice o orvalho da noite. Os animais retardados procuravam a pousada; enquanto a juriti, chamando a companheira, soltava os arrulhos doces e saudosos com que se despede do dia.
> Um concerto de notas graves saudava o pôr do sol, e confundia-se com o rumor da cascata, que parecia quebrar a aspereza de sua queda, e ceder à doce influência da tarde.
> Era a Ave-Maria.

Considera-se hipotipose, na linguagem visual, a representação de conceitos abstratos, como no quadro *A liberdade guiando o povo*, de Delacroix.

Figuras de diminuição I: assíndeto, elipse

O soneto "Indignação do universo perante o pecado de Adão" do livro *Hecatombe métrica*, de Francisco de Vasconcelos Coutinho, é construído basicamente com orações coordenadas assindéticas. Há apenas duas conjunções coordenadas sindéticas aditivas: uma no terceiro verso da primeira estrofe e uma no último do segundo terceto. A ausência de conectivos cria um sentido de inacabamento na enumeração dos efeitos que o pecado de Adão produz no universo. É como se turvarem-se os mares, armarem-se as muralhas, subirem clamores, descerem raios, gritar o mar, silvar a fera, etc. fossem apenas exemplos que tudo o que ocorreu no mundo diante da ação iníqua do primeiro homem.

> Fecham-se os Céus, os Anjos ensurdecem,
> armam-se as nuvens, sopram-se as fornalhas
> dos abismos, e em trêmulas batalhas
> gritam esferas, montes estremecem;
>
> Os astros, que de sombras se guarnecem,
> lutos dos orbes são, do horror mortalhas;
> turvam-se os mares, armam-se as muralhas
> dos Céus, sobem clamores, raios descem;
>
> Grita o mar, brama o fogo, silva a fera,
> chora Adão, geme o pranto, brada o rogo,
> ensurdece-se Deus, o Império, a esfera;
>
> Ó Adão infeliz! que desafogo
> terás, se contra ti vês, que se altera
> o abismo, a terra, o mar, o Céu e o fogo.

164 Figuras de retórica

A omissão da conjunção entre os elementos coordenados recebe o nome de *assíndeto*, palavra formada do grego *a*, prefixo que significa "sem", e *sýndeton*, que quer dizer "ligação". Essa diminuição da extensão textual serve para separar significados, criando efeitos de sentido que os intensificam.

Nestes passos de sermões de Vieira, o assíndeto cria como um inacabamento da enumeração, que o enunciador poderia continuar a fazer. Na terceira parte do *Sermão Pelo Bom Sucesso das Armas de Portugal Contra as de Holanda*, o pregador, com profunda ironia, exemplifica por antífrase o que Deus deverá buscar na protestante Holanda depois de permitir a derrota dos portugueses:

> Holanda vos dará os apostólicos conquistadores, que levem pelo mundo os estandartes da cruz; Holanda vos dará os pregadores evangélicos, que semeiem nas terras dos bárbaros a doutrina católica e a reguem com o próprio sangue; Holanda defenderá a verdade de vossos Sacramentos e a autoridade da Igreja Romana; Holanda edificará templos, Holanda levantará altares, Holanda consagrará sacerdotes, e oferecerá o sacrifício de vosso Santíssimo Corpo [...].

Na sexta parte do *Sermão da Visitação de Nossa Senhora*, pregado no Hospital da Misericórdia da Bahia, na ocasião em que chegou a essa cidade o marquês de Montalvão, vice-rei do Brasil, é como se o enunciador não tivesse completado a lista de tudo o que o capitão poderia vender do navio:

> Como se havia de restaurar o Brasil, se o capitão-de-mar-e-guerra fazia cruel guerra ao seu navio, vendendo os mantimentos, as munições, as enxárcias, as velas, as antenas, e se não vendeu o casco do galeão, foi porque não achou quem lho comprasse?

Recebe o nome de *elipse* (do grego *eleípsis*, que tem o sentido de "omissão", "falta", "insuficiência") a omissão de um elemento linguístico que pode ser recuperado pelo contexto. Nos quatro últimos versos do "Rondó dos cavalinhos", de Manuel Bandeira, temos uma elipse do termo *Senhora* e quatro elipses do verbo *estar*:

> Nossa! A poesia morrendo...
> O sol tão claro lá fora.
> O sol tão claro, Esmeralda,
> E em minhalma – anoitecendo!

Todas essas elipses intensificam tanto o *Nossa* usado como interjeição quanto as perífrases construídas com gerúndio e os predicativos do sujeito. Leia-se o mesmo trecho sem as elipses para verificar o enfraquecimento do sentido:

Nossa (Senhora)! A poesia (está) morrendo...
O sol (está) tão claro lá fora.
O sol (está) tão claro, Esmeralda,
E em minhalma – (está) anoitecendo!

A elipse é um processo de construção do discurso. Isso significa que se podem omitir elementos linguísticos de qualquer dimensão: uma palavra, um sintagma, uma oração, uma ação narrativa, os acontecimentos de um período de tempo. Nesta frase do capítulo VI de *Quincas Borba*, de Machado de Assis, faz-se uma elipse do núcleo do predicado, o verbo *dar* na voz passiva: "Ao vencido, ódio ou compaixão; ao vencedor, as batatas."

Um lema árcade era *Inutilia truncat*, "corta o que é inútil". Esse é um princípio de organização narrativa. Nada é mais tedioso do que ouvir uma narrativa em que não se economizam detalhes e se narram mesmo aquelas ações que se podem deduzir do contexto. Neste passo do romance *A relíquia*, de Eça de Queirós, Teodorico conta que finge uma grande devoção: "Prodigiosa foi então minha atividade devota! Ia a matinas, ia a vésperas" (*Obras completas de Eça de Queirós*. Porto: Lello, 1966, v. I, p. 1518). Nele, está apagado o relato de atividades que não contribuem em nada para a construção dos sentidos criados pela narrativa: por exemplo, preparar-se para sair, deixar a casa, transportar-se até a igreja, entrar no templo para assistir às matinas e às vésperas.

Nesta passagem do terceiro capítulo de *Cinco Minutos*, de José de Alencar, não só se elidem os acontecimentos que não interessam à construção do sentido, como não se repete nove ou mais vezes que a personagem dormira, caçara, jogara bilhar: "Assim passei nove dias na Tijuca, vivendo uma vida estúpida quanto pode ser: dormindo, caçando e jogando o bilhar."

No início de *2001: Uma odisseia no espaço*, de Stanley Kubrick, um dos primatas joga um osso para cima, há um corte e, em seu lugar, surge uma nave espacial que está a caminho da Terra. Há uma elipse, indicada pelo corte, de toda a história humana, desde a origem até a conquista espacial.

A elipse é uma figura muito usada em provérbios: Casa de ferreiro, espeto de pau (Em casa de ferreiro, o espeto é feito de pau); Cavalo comedor, cabresto curto; Cada dia, sua agonia; De mau corvo, mau ovo; Casas roubadas, trancas nas portas.

Figuras de diminuição II: zeugma, anacoluto

No poema "Tenho uma grande constipação", de Álvaro de Campos, um dos heterônimos de Fernando Pessoa, o poeta fala dos efeitos de um grande resfriado (significado da palavra *constipação* no texto), que leva uma pessoa a achar que tudo é muito ruim, a zangar-se com a vida, a acreditar que nada tem sentido. O último verso diz que o poeta precisa de verdade e de aspirina. Trata-se de duas orações coordenadas: preciso de verdade e preciso de aspirina. O sujeito (eu) e o núcleo do predicado da segunda oração (preciso) foram omitidos, pois já tinham sido enunciados na primeira oração. Dessa forma, cria-se uma unidade entre um núcleo do objeto indireto expresso por um substantivo abstrato (verdade) e um manifestado por um substantivo concreto (aspirina), o que configura uma unidade semântica, pois é como se verdade e aspirina fossem equivalentes.

> Tenho uma grande constipação,
> E toda a gente sabe como as grandes constipações
> Alteram todo o sistema do universo,
> Zangam-nos contra a vida,
> E fazem espirrar até à metafísica.
> Tenho o dia perdido cheio de me assoar.
> Dói-me a cabeça indistintamente.
> Triste condição para um poeta menor!
> Hoje sou verdadeiramente um poeta menor!
> O que fui outrora foi um desejo; partiu-se.
>
> Adeus para sempre, rainha das fadas!
> As tuas asas eram de sol, e eu cá vou andando,
> Não estarei bem se não me deitar na cama
> Nunca estive bem senão deitando-me no universo.
>
> *Excusez un peu…* Que grande constipação física!
> Preciso de verdade e de aspirina.

Denomina-se *zeugma* (do grego *zeugma*, que indica "o que serve para ligar", " a ligação") a omissão num determinado ponto do enunciado de um elemento linguístico (palavra, sintagma, etc.) já expresso em outro lugar do enunciado. Assim, o elemento linguístico não realizado tem um modo de existência virtual. Vamos dar dois exemplos, colocando entre parênteses os elementos excluídos do enunciado; observe-se como o sentido fica mais forte sem a repetição dos elementos entre parênteses:

> E está por esta parte toda a autoridade de Salomão em uma obra famosa de sua sabedoria e grandeza. No capítulo terceiro dos *Cânticos* descreve ele a fábrica de uma carroça triunfal, em que saía a passear pela corte de Jerusalém nos dias de maior solenidade. A matéria era dos lenhos mais preciosos e cheirosos do Líbano, as colunas (eram) de prata, o trono (era) de ouro, as almofadas (eram) de púrpura, e no estrado onde punha os pés estava esculpida a caridade [...]
>
> (Parte II do *Sermão da Primeira Sexta-Feira da Quaresma*, pregado por Vieira, na Capela Real, em 1651)

> Rubião tinha nos pés um par de chinelas de damasco, bordadas a ouro; na cabeça, (tinha) um gorro com borla de seda preta. Na boca, (tinha) um riso azul claro.
>
> (Capítulo CXLV de *Quincas Borba*, de Machado de Assis)

O zeugma, como vimos acima, cria equivalências semânticas inusitadas, que nos levam a apreender a realidade sob novos ângulos. Neste passo de *Os Lusíadas*, de Camões, o *amor materno* tem o mesmo valor da *terra*:

> De Guimarães o campo se tingia
> Co'o sangue próprio da intestina guerra,
> Onde a mãe, que tão pouco o parecia,
> A seu filho negava o amor e a terra
>
> (III, 31, 1-4)

No poema "O amor bate na aorta", de Drummond, estabelece-se uma correspondência semântica entre *uvas meio verdes* e *desejos já maduros*:

> Cardíaco e melancólico,
> o amor ronca na horta
> entre pés de laranjeira
> entre uvas meio verdes
> e desejos já maduros.

Chama-se *anacoluto* (do grego *anacolutos*, que significa "sem sequência") a figura em que se topicaliza um termo qualquer, para enfatizá-lo, mas, ao realizar

168 Figuras de retórica

essa operação, omite-se um conector que rege o elemento topicalizado e, por essa razão, ele fica sem função sintática na frase. Ele torna-se então apenas o tópico de um comentário. Normalmente, a topicalização, ou seja, a operação que faz de um constituinte da frase o tópico, isto é, o tema, que será comentado, é marcada pelo alçamento desse constituinte para o início da frase. Na terceira estrofe da "Canção do Tamoio", de Gonçalves Dias, *o forte* é topicalizado, é dele que os versos que seguem vão falar:

> O forte, o cobarde
> Seus feitos inveja
> De o ver na peleja
> Garboso e feroz;
> E os tímidos velhos
> Nos graves concelhos,
> Curvadas as frontes,
> Escutam-lhe a voz!

Observe-se que o sintagma *o forte* não tem função sintática, pois a frase em que todos os termos teriam uma função sintática seria: "O cobarde inveja os feitos *do forte*, inveja-o de o ver na peleja garboso e feroz; e os tímidos velhos nos graves concelhos curvadas as frontes escutam a voz dele" (= do forte). Com a topicalização, omite-se (não se realiza) a preposição *de*, o que deixa o constituinte *forte* sem relação sintática com os outros elementos da sentença.

No conto "O iniciado do vento", de Aníbal Machado, o constituinte *essas criadas* seria o objeto indireto do verbo *confiar* (não se pode confiar nessas criadas de hoje); ao ser topicalizado, no entanto, omite-se o conector e ele fica sem função sintática e, por isso, usa-se o sintagma *nelas* para a função de objeto indireto: "Desculpe-me. Vim eu mesma trazer o café. *Essas criadas* de hoje não se pode confiar nelas. Quebram tudo, servem mal os hóspedes. O piano o incomodou?" Na sexta parte do *Sermão xx do Rosário*, de Vieira, há a topicalização de *os três reis orientais*, que passa a ser apenas tópico: "Os três reis orientais, que vieram adorar o Filho de Deus recém-nascido em Belém, é tradição da Igreja que um era preto" (= é tradição da Igreja que um dos três reis orientais, que vieram adorar o Filho de Deus recém-nascido em Belém, era preto). No capítulo xv de *Helena*, de Machado de Assis, o constituinte *a tal candidatura* é apenas o tópico: "Agradeci o favor, com muita abundância d'alma, porque a tal candidatura, que não me seduzia nem seduz, não há remédio senão cuidar dela, de modo que o meu nome não padeça a injúria da derrota" (= Agradeci o favor, com muita abundância d'alma, porque não há remédio senão cuidar da tal candidatura, que não me seduzia nem seduz). A mesma coisa ocorre com o *você*, no último período deste trecho da crônica "Pátria amada", de Rachel de Queiroz, que se acha no livro *Um alpendre, uma rede, um açude*:

> De repente, no dobrar de uma esquina (você estava longe de pensar que a embaixada era ali) – de repente lhe salta aos olhos, penduradinha no seu mastro diplomático, a bandeira nacional. Que lhe dá então? Lhe dá uma dor no peito. Sim, apátrida, renegado, exilado voluntário, enojado da bagunça nacional, *você* lhe dói o peito de saudade (= o peito lhe dói de saudade).

Também é apenas tópico o sintagma *D. Mundinha*, que inicia este trecho retirado da crônica "O menino que morreu duas vezes", de Rachel de Queiroz, que se acha no livro *O caçador de tatu*: "D. Mundinha, criados os filhos, sozinha em casa com o seu velho, davam-lhe nostalgias da maternidade, de crianças pequenas" (= criados os filhos, sozinha em casa com o seu velho, davam a D. Mundinha nostalgias da maternidade, de crianças pequenas).

O escritor Fábio Adiron publicou, em seu blog *Mens insana in cor sano*, um texto que denominou "Contículo anacolútico", em que erigiu essa figura como princípio de composição, principalmente retomando os mais célebres exemplos de anacoluto em língua portuguesa:

> Sérgio chegou desabando uma torrente de afirmações desconexas. Ele, nada podia assustá-lo. Enquanto falava, eu parecia que estava ficando zonzo.
> Deixe-me ver... É necessário começar por... Não, não, o melhor é tentar novamente o que foi feito ontem. Minha mãe, você sabe, não há idade nem desgraça que lhe amolde a índole rancorosa e lá o pai, esse coitado, as coisas não lhe correram bem. Entre os dois, a empregada, mas essas criadas de hoje não se pode confiar nelas.
> Você sabe que, a mim, eu gosto de estimar e respeitar os meus amigos e eu não me importa a desonra do mundo, nem o fato de morrer, todo o mundo vai morrer. Tentei interrompê-lo dizendo que o forte, o covarde seus feitos inveja, nada adiantou, quem escuta de si ouve.
> Acredita que ela disse que esses miseráveis que se viram desalojados, não digo propriamente nada contra eles, mas não servem para nós...?
> Novas espécies de preconceitos, pensava em como é misteriosa a natureza humana. Justo nós que vivemos na situação de pobre quando come frango, um dos dois está doente.

170 Figuras de retórica

Tentei mostrar que a mãe, ninguém é melhor cozinheira, não se satisfazia com qualquer um, mas não adiantou.

E continuou a peroração: a beleza, é em nós que ela existe. Eu sei que uma coisa pensa o cavalo; outra quem está a montá-lo, mas ela não podia dizer uma coisa dessas. Eu, por bem farão de mim tudo e por mal, nada. Disse-lhe na cara que quem te não roga não lhe vás à boda. A vida, não sei realmente se ela vale alguma coisa. Agora, a rua onde moras, nela é que desejo morar.

Mais tarde, dois gatinhos miando no muro, conversávamos sobre como é complicada a vida dos animais.

Figuras de transposição I: anástrofe, hipérbato, sínquise

O Hino Nacional Brasileiro é conhecido pelas inversões da ordem habitual em que as palavras são colocadas na frase, o que o torna de difícil compreensão. Tomemos, por exemplo, "Ouviram do Ipiranga as margens plácidas/ De um povo heroico o brado retumbante". A ordem habitual dos termos em português seria: "As margens plácidas do Ipiranga ouviram o brado retumbante de um povo heroico".

Na língua, as palavras aparecem uma depois da outra numa determinada ordem. Em certos casos, a ordem é obrigatória, pois ela marca a função sintática. Assim, o português é uma língua svo, ou seja, em que a oração é construída da seguinte maneira: sujeito + verbo + objeto. *O ciclista machucou o pedestre* é diferente de *O pedestre machucou o ciclista*. Em outros casos, temos uma ordem habitual: o adjetivo vem depois do substantivo que ele qualifica; determinantes introduzidos por preposição vêm depois do determinado (por exemplo, lágrimas de crocodilo, pessoa sem cerimônia).

Observe-se que, no primeiro verso do Hino Nacional, temos a seguinte ordem: verbo (ouviram) + determinante do sujeito começado por preposição (do Ipiranga) + restante do sujeito (as margens plácidas) + determinante do objeto iniciado por preposição (de um povo heroico) + restante do objeto direto (o brado retumbante).

Quando se inverte a ordem habitual das palavras, produz-se uma intensificação do sentido, pois um termo é alçado a uma posição de proeminência. Por exemplo, no Hino Nacional, o sintagma *povo heroico* ganha destaque em relação a *brado retumbante*; *Ipiranga* é realçado em relação a *margens plácidas*.

Chama-se *anástrofe* (do grego *anastrophé*, que significa "inversão") a mudança na ordem dos constituintes que se sucedem: por exemplo, a anteposição do complemento nominal ou adjunto adnominal introduzido por preposição ao substantivo que os rege, precedência do objeto ao verbo. Nesta estrofe do poema "Ao povo", de Fagundes Varela, o constituinte *Da pátria* vem antes da palavra determinada *chão*:

Não ouvis?... Além dos mares
Braveja ousado Bretão
Vingai a pátria, ou valentes
Da pátria tombai no chão!

Nestes versos de *Os Lusíadas*, de Camões, os determinantes *de África* e *do Oriente* antecedem os determinados *terras* e *mares*:

Comecem a sentir o peso grosso
(Que pelo mundo todo faça espanto)
De exércitos e feitos singulares,
De África as terras, e do Oriente os mares.

(I, 15, 5-8)

Nestas duas passagens também de *Os Lusíadas*, são anástrofes a colocação do sintagma *dos cavalos* antes de *estrépito* e *da lua* na frente de *raios*, bem como do objeto *os céus* diante do verbo *acompanhavam*:

Dos cavalos o estrépito parece
Que faz que o chão debaixo todo treme.

(VI, 64, 1-2)

Da Lua os claros raios rutilavam
Pelas argênteas ondas Neptuninas,
As estrelas os Céus acompanhavam,
Qual campo revestido de boninas.

(I, 58, 1-4)

Outros exemplos são:

E o sol da Liberdade, em raios fúlgidos,
Brilhou no céu da Pátria nesse instante.

(Hino Nacional: *em raios fúlgidos* é anteposto a *brilhou*)

Do tamarindo a flor jaz entreaberta,
Já solta o bogari mais doce aroma,
Também meu coração, como estas flores,
Melhor perfume ao pé da noite exala!

(Oitava estrofe do poema "Leito de folhas verdes", de Gonçalves Dias: *do tamarindo* antecede *flor*; *solta* precede *o bogari*; *melhor perfume ao pé da noite* vem antes de *exala*)

Os ventos brandamente respiravam,
Das naus as velas côncavas inchando

(*Os Lusíadas*, I, 19, 3-4: *das naus* está na frente de *as velas côncavas*)

Temos a impressão de que a anástrofe só ocorre em textos que se valem da chamada língua clássica. No entanto, aparece muito em provérbios, por exemplo: Pela garra se conhece o leão (= O leão conhece-se pela garra); Entre amigos não sejas juiz (= Não sejas juiz entre amigos).

Denomina-se *hipérbato* (do grego *hyperbatós*, que quer dizer "transposto", "ao contrário") a separação, por meio da intercalação de um ou mais elementos, de constituintes que estão em relação sintática e, portanto, deveriam estar contíguos. Seguem três exemplos retirados de *Os Lusíadas*, de Camões. No primeiro intercala-se *que Adamastor contou* ao constituinte *duros casos futuros*:

Eu, levantando as mãos ao santo coro
Dos anjos, que tão longe nos guiou,
A Deus pedi que removesse os duros
Casos, que Adamastor contou futuros.

(V, 60, 7-8)

No segundo, interpõe-se *se alevante ao céu* ao constituinte *grita da gente*:

Respondem-lhe da terra juntamente,
Co'o raio volteando, com zunido;
Anda em giros no ar a roda ardente,
Estoura o pó sulfúreo escondido.
A grita se alevanta ao céu, da gente;

(II, 91, 1-5)

No terceiro, interpola-se *navegavam* a *ondas do Oriente*:

As ondas navegavam do Oriente
Já nos mares da Índia, e enxergavam
Os tálamos do Sol, que nasce ardente;
Já quase seus desejos se acabavam

(VI, 6, 1-4).

Neste passo do poema "D. Filipa de Lencastre", de Fernando Pessoa, *veio velar* está separando *sonhos maternos*:

174 Figuras de retórica

> Que arcanjos teus sonhos veio
> Velar, maternos, um dia?

Nesta passagem do poema que inicia com o verso "Ouvi contar que outrora, quando a Pérsia", de Ricardo Reis, heterônimo de Fernando Pessoa, insere-se o constituinte *de marfim* para separar a construção *o peão*:

> Mas quando a guerra os jogos interrompa,
> Esteja o rei sem xeque,
> E o de marfim peão mais avançado
> Pronto a comprar a torre.

Nesta estrofe do poema "A cavalgada", de Raimundo Correia, há a intercalação de *vem se aproximando* para desfazer o constituinte *o som longínquo do galopar de estranha cavalgada*:

> A lua banha a solitária estrada...
> Silêncio!... mas além, confuso e brando,
> O som longínquo vem se aproximando
> Do galopar de estranha cavalgada.
>
> (VI, 64, 7)

Neste verso de *Os Lusíadas*, o constituinte *armas brancas* (= brilhantes) é dissociado por *faz de*: "Qual vermelhas as armas faz de brancas" (= Faz as armas brancas como que vermelhas, isto é, elas tingem-se de vermelho).

Um tipo especial de hipérbato é quando dois termos que exercem a mesma função sintática são separados por uma interposição de um termo com outra função sintática. Neste trecho de *Os Lusíadas*, de Camões, o predicado *foi* separa os dois núcleos do sujeito composto *ódio* e *má vontade*:

> Tamanho o ódio foi, e a má vontade,
> Que aos estrangeiros súbito tomou,
> Sabendo ser sequazes da verdade,
> Que o Filho de David nos ensinou
>
> (I, 71, 1-4)

Neste trecho, o predicado *teve* afasta os dois objetos *a mãe hebreia* e *o pai gentio*:

Nós temos a Lei certa, que ensinou
O claro descendente de Abraão
Que agora tem do mundo o senhorio,
A mãe Hebreia teve, e o pai Gentio.

(Os *Lusíadas*, I, 53, 1-4)

Podem ocorrer uma anástrofe e um hipérbato. Neste trecho de *Os Lusíadas*, *nas cabeças* precede *pôr*, o que caracteriza uma anástrofe, e intercala-se *nas cabeças pôr* ao constituinte *grinaldas de rosa*, o que configura um hipérbato:

Isto dizendo, desce ao mar aberto,
No caminho gastando espaço breve,
Enquanto manda as Ninfas amorosas
Grinaldas nas cabeças pôr de rosas.

(VI, 86, 5-8)

Designa-se com o nome de *sínquise* (do grego *sýnchisis*, que denota "mistura", "confusão") uma transposição radical da ordem habitual dos constituintes por meio de uma série de anástrofes e de hipérbatos. É o que acontece nos primeiros versos do Hino Nacional. Nestes trechos de *Os Lusíadas*, ocorrem sínquises:

Ousou algum a ver do mar profundo,
Por mais versos que dele se escrevessem,
Do que eu vi, a poder de esforço e de arte,
E do que ainda hei de ver, a oitava parte?

(V, 86, 5-8)

Em ordem direta, ficaria assim: "Algum (navegante) ousou ver a oitava parte do que eu vi e do que ainda hei de ver do mar profundo, a poder de esforço e de arte, por mais versos que se escrevessem sobre ele."

A ira com que súbito alterado
O coração dos Deuses foi num ponto,
Não sofreu mais conselho bem cuidado,
Nem dilação, nem outro algum desconto.

(VI, 35, 1-4)

Ficaria assim: "A ira com que o coração dos deuses foi súbito alterado num ponto não sofreu mais conselho bem cuidado, nem dilação, nem algum outro desconto."

176 Figuras de retórica

> Porém elas enfim por força entradas,
> Os muros abaixaram de diamante
> As Portuguesas forças, costumadas
> A derribarem quanto acham diante.
> Maravilhas em armas estremadas,
> E de escritura dinas elegante,
> Fizeram cavaleiros nesta empresa,
> Mais afinando a fama Portuguesa.
>
> (IV, 56)

Em ordem direta: "Porém, as forças portuguesas, acostumadas a derrubar (tudo) quanto acham diante (= pela frente), (tendo) enfim entrado pela força, abaixaram (= derrubaram) o muro de diamante (= muito rijo). (Os) cavaleiros fizeram nesta empresa (= empreitada) maravilhas em armas estremadas (= notabilizadas) e dignas de elegante escritura, afinando (= tornando mais próxima da perfeição) mais a fama portuguesa."

A primeira estrofe do soneto "Taça de coral", de Alberto de Oliveira, é também uma sínquise bastante complexa:

> Lícias, pastor – enquanto o sol recebe,
> Mugindo, o manso armento e ao largo espraia,
> Em sede abrasa, qual de amor por Febe,
> – Sede também, sede maior, desmaia.

Ordem direta: "Lícias, pastor, enquanto o manso armento (= rebanho) recebe o sol e espraia ao largo mugindo, abrasa em sede, qual (= como) desmaia de amor por Febe, (que é) sede também, sede maior."

A mesma coisa ocorre no primeiro terceto do soneto XX, de Cláudio Manuel da Costa:

> Da fonte dos meus olhos nunca enxuta
> A corrente fatal, fico indeciso
> Ao ver quanto em meu dano se executa

Ordem direta: "Ao ver quanto se executa em meu dano, fico indeciso (diante) da corrente fatal da fonte dos meus olhos, (que) nunca (está) enxuta."

Figuras de transposição II: histerologia ou *hýsteron próteron,* parêntese, suspensão

Nestes versos de *Os Lusíadas*, de Camões, há uma sequência de verbos que não estão na ordem em que os fatos ocorrem, pois *blasfema* e *desatina* devem ser ações que acontecem antes de morrer. No entanto, *morre* é colocado antes deles:

> Mas o mau de Tioneu, que na alma sente
> As venturas, que então se aparelhavam
> A gente Lusitana, delas dina,
> Arde, morre, blasfema e desatina
>
> (VI, 6, 5-8)

Trata-se da figura denominada *histerologia* (do grego *hysterología*, que quer dizer "inversão da ordem natural"). Essa figura recebe, com muita frequência, o nome de *hýsteron próteron*: em grego *hýsteron* significa "posterior" e *próteron*, "anterior", o que indica que é uma construção em que o posterior vem antes.

Neste passo das *Cartas chilenas*, de Tomás Antônio Gonzaga, *matam* precede *prendem*:

> Ultrajam com palavras a justiça,
> Resistem, gritam, ferem, matam, prendem.
> Os zelosos juízes punir querem
> A injúria da justiça: formam autos,
> Procedem às devassas, pronunciam.
>
> (Carta IX, 350-354)

Neste verso da *Eneida*, de Virgílio, *morramos* antecede *lancemo-nos no meio do combate*: "*moriamur et in media arma ruamus*" (II, 353).

A histerologia tem por finalidade realçar um dado termo. No primeiro exemplo, é como se entre o arder e o morrer, o início e o fim do processo, houvesse as blas-

178 Figuras de retórica

fêmias e os desatinos; no segundo exemplo, ao colocar matam antes de prendem, é como se o poeta dissesse que prendem para matar; no terceiro exemplo, Virgílio está dizendo que, embora a morte seja inevitável, é preciso dar combate ao inimigo com todo o vigor.

Observe-se que a histerologia é como que uma anástrofe relativa à temporalidade dos acontecimentos.

Não deixa de ser um *hýsteron próteron* qualquer alteração na ordem cronológica dos acontecimentos de uma narrativa: por exemplo, iniciar *Memórias póstumas de Brás Cubas*, de Machado de Assis, com a morte do narrador, para depois contar seu nascimento. O início do primeiro capítulo é assim:

> Algum tempo hesitei se devia abrir estas memórias pelo princípio ou pelo fim, isto é, se poria em primeiro lugar o meu nascimento ou a minha morte. Suposto o uso vulgar seja começar pelo nascimento, duas considerações me levaram a adotar diferente método: a primeira é que eu não sou propriamente um autor defunto, mas um defunto autor, para quem a campa foi outro berço; a segunda é que o escrito ficaria assim mais galante e mais novo. Moisés, que também contou a sua morte, não a pôs no introito, mas no cabo: diferença radical entre este livro e o Pentateuco.

O nascimento só será narrado no capítulo x.

Nesta passagem das *Aventuras de Alice no país das maravilhas,* de Lewis Carroll, a mudança da ordem dos acontecimentos feita na fala da rainha indica um mundo que não segue a lógica "natural" das coisas:

> – Que os jurados deliberem o seu veredito – disse o Rei, mais ou menos pela vigésima vez naquele dia.
> – Não, não! – gritou a Rainha – Primeiro a sentença, o veredito depois.
> – Mas que bobagem! – disse Alice em voz alta. – Quem já viu sentença antes do veredito.
>
> (São Paulo: Summus, 1980, p. 129)

Nesta passagem de *Os Lusíadas*, de Camões, intercala-se uma proposição inteira: a interrogação *Quem viu honra tão longe da verdade?* interrompe uma dada unidade semântica, em que o poeta se refere a Henrique VIII, que se intitulava rei de Jerusalém e separou a Igreja da Inglaterra do restante da cristandade. O título de rei de Jerusalém estava longe da verdade porque ele não era, na realidade, senhor da Cidade Santa e, ao mesmo tempo, não estava em comunhão com os cristãos:

Vede-lo duro Inglês, que se nomeia
Rei da velha e santíssima cidade,
Que o torpe Ismaelita senhoreia,
(Quem viu honra tão longe da verdade?)
Entre as Boreais neves se recreia,
Nova maneira faz de Cristandade:

(VII, 5, 1-6)

Trata-se da figura denominada *parêntese*, do grego *parêntesis*, que significa "intercalação". É uma figura similar ao hipérbato, pois este é também a separação de constituintes que deveriam aparecer contíguos e são separados por uma interpolação.

No episódio de Inês de Castro em *Os Lusíadas*, de Camões, há a seguinte estrofe, em que Inês de Castro se dirige a Dom Afonso IV, que mandara executá-la, e faz um parêntese par pôr em dúvida o caráter humano daquele que ordenara a morte daquela cujo crime foi ter amado D. Pedro, filho do rei.

Ó tu, que tens de humano o gesto e o peito
(Se de humano é matar uma donzela
Fraca e sem força, só por ter sujeito
O coração a quem soube vencê-la)
A estas criancinhas tem respeito,
Pois o não tens à morte escura dela;
Mova-te a piedade sua e minha,
Pois te não move a culpa que não tinha

(III, 127)

Nesta estrofe, o parêntese serve para explicar por que não podia levantar as mãos em súplica:

Pera o céu cristalino alevantando,
Com lágrimas, os olhos piedosos
(Os olhos, porque as mãos lhe estava atando
Um dos duros ministros rigorosos);
E de[s]pois, nos meninos atentando,
Que tão queridos tinha e tão mimosos,
Cuja orfandade como mãe temia,
Pera o avô cruel assi dizia:

(III, 125)

O poeta Francisco Otaviano, na composição de seu célebre poema "Ilusões da vida", vale-se da figura chamada *suspensão*:

180 Figuras de retórica

> Quem passou pela vida em branca nuvem,
> E em plácido repouso adormeceu;
> Quem não sentiu o frio da desgraça,
> Quem passou pela vida e não sofreu;
> Foi espectro de homem, não foi homem,
> Só passou pela vida, não viveu.

Trata-se de uma desaceleração do andamento textual por meio de uma sucessão de afirmações que conduzem a uma conclusão. Chama-se suspensão exatamente porque se leva o destinatário a esperar essa conclusão, que fica em suspenso. No caso do poema "Ilusões da vida", o autor poderia ter começado o poema dizendo "foi espectro de homem, não foi homem, só passou pela vida, não viveu quem, etc.". No entanto, ele faz uma inversão em relação a essa ordem, vai acumulando premissas (quem passou pela vida em branca nuvem, quem em plácido repouso adormeceu, quem não sentiu o frio da desgraça, quem passou pela vida e não sofreu) para apresentar finalmente a conclusão.

Figuras de troca I: retificação ou correção ou epanortose, retroação

No capítulo VI de *Inocência*, de Taunay, ocorre o seguinte passo:

> Bom, por hoje então, ou melhor, agora mesmo, o suador. Fechem tudo, e que a dona sue bem. À meia-noite, mais ou menos, virei aqui dar-lhe a mezinha. Sossegue o seu espírito e reze duas Ave-Marias para que a quina faça logo efeito.

O que é interessante nessa passagem é a retificação da informação que se dá no primeiro período. O enunciador diz "por hoje então" e, em seguida, corrige para "agora mesmo". Ora, em princípio, ele não precisaria explicitar essa correção no texto escrito e, então, se diria apenas que o suador seria dado agora mesmo. Entretanto, a reformulação tem uma função no texto.

Trata-se da figura denominada *retificação*, *correção* ou *epanortose* (do grego *epanortósis*, que significa exatamente "correção", palavra formada a partir do verbo *epanortéo*, construído com a preposição *epi*, "sobre", *aná*, preposição reduplicativa, e *ortós*, "direito"). Nela reformula-se o que se disse, substituindo por uma expressão mais forte, mais cortante, mais apropriada. Nesse caso, temos um alargamento espacial da expressão, pois uma construção é trocada por outra, permanecendo ambas no texto. Esse procedimento tem a finalidade de intensificar o sentido. De fato, quando se modifica, no texto mencionado anteriormente, o termo "hoje" por "agora mesmo" não se trata de uma retificação destituída de sentido. Ao contrário, ela enfatiza a urgência da aplicação do suador.

Uma epanortose pode ocorrer na mesma oração, no mesmo período, na passagem de um período ao outro. No exemplo que segue, retirado do capítulo LIII do romance *Esaú e Jacó*, de Machado de Assis, a retificação se dá na mesma oração; o objeto direto "novidade" é trocado por "velharia":

182 Figuras de retórica

Era um paliativo. Era também um modo de fazer cessar a conversação, estando a casa próxima. Não contava com o pai de Flora, que à fina força lhe quis mostrar, àquela hora, uma novidade, aliás uma velharia, um documento de valor diplomático. "Venha, suba, cinco minutos apenas, conselheiro".

Neste passo da parte IX do *Sermão da Sexagésima*, de Vieira, ela ocorre no mesmo período: "Pouco disse S. Paulo em lhe chamar comédia, porque muitos sermões há que não são comédia, são farsa."

Nesta passagem do capítulo XIV de *Eurico, o presbítero*, de Alexandre Herculano, em que Hermengarda se dirige a Abdulaziz, a correção se dá num outro período: "Abomino-te, destruidor da Espanha... Não! Enganei-me. Desprezo-te, salteador do deserto."

A epanortose pode transformar-se em princípio de composição, como ocorre em *Dom Casmurro*, de Machado de Assis, em que se explicita como deveria ser retificada a estrutura do romance. Nesse caso, alguns autores consideram que se trata de outra figura, chamada *retroação*:

CAPÍTULO CXXX

UM DIA...

Porquanto, um dia Capitu quis saber o que é que me fazia andar calado e aborrecido. E propôs-me a Europa, Minas, Petrópolis, uma série de bailes, mil desses remédios aconselhados aos melancólicos. Eu não sabia que lhe respondesse; recusei as diversões. Como insistisse, repliquei-lhe que os meus negócios andavam mal. Capitu sorriu para animar-me. E que tinha que andassem mal? Tornariam a andar bem, e até lá as joias, os objetos de algum valor seriam vendidos, e iríamos residir em algum beco. Viveríamos sossegados e esquecidos; depois tornaríamos à tona da água. A ternura com que me disse isto era de comover as pedras. Pois nem assim. Respondi-lhe secamente que não era preciso vender nada. Deixei-me estar calado e aborrecido. Ela propôs-me jogar cartas ou damas, um passeio a pé, uma visita a Mata-cavalos; e, como eu não aceitasse nada, foi para a sala, abriu o piano, e começou a tocar; eu aproveitei a ausência, peguei do chapéu e saí.

...Perdão, mas este capítulo devia ser precedido de outro, em que contasse um incidente, ocorrido poucas semanas antes, dois meses depois da partida de Sancha. Vou escrevê-lo; podia antepô-lo a este, antes de mandar o livro ao prelo, mas custa muito alterar o número das páginas; vai assim mesmo, depois a narração seguirá direita até o fim. Demais, é curto.

A força impressa à expressão na epanortose fica muito clara, nesta passagem da parte I do *Sermão de Santo Inácio*, de Vieira, em que o pregador, ao corrigir a expressão *Santo Inácio*, enfatiza como ele era antes de resolver consagrar-se a Deus:

> Aos outros santos meteu-lhes Cristo na mão este Evangelho, e disse-lhes: Servi-me assim como os homens servem aos homens; a Santo Inácio mete-lhe na mão um livro da vida de todos os santos, e diz-lhe: Serve-me assim como estes homens me serviram a mim. Foi o caso. *Jazia Santo Inácio, (não digo bem). Jazia Dom Inácio de Loiola*, malferido de uma bala francesa, no sítio de Pamplona; e picado como valente de ter perdido um castelo, fabricava no pensamento outros castelos maiores, pelas medidas de seus espíritos. Já lhe parecia pouca defensa Navarra, pouca muralha os Pireneus, e pouca conquista França. Considerava-se capitão, e espanhol, e rendido; e a dor lhe trazia à memória, como Roma em Cipião, e Cartago em Aníbal, foram despojos de Espanha: os Cides, os Pelaios, os Viriatos, os Lusos, os Geriões, os Hércules, eram os homens com cujas semelhanças heroicas o animava e inquietava a fama: mais ferido da reputação da pátria que das suas próprias feridas.

A correção ocorre muito na linguagem do dia a dia, quando, para intensificar a expressão, explicitamos uma retificação com expressões como "não, minto", "aliás", "mais precisamente", "não digo bem", "ou melhor", etc.: "O trânsito de São Paulo é lento, ou melhor, é quase parado."

Outros exemplos:

> – Ah! Era um moço de invejável talento! – Boa memória, compreensão fácil e gosto cultivado. Para a retórica ainda não vi outro... Não, minto! – em Londres, em Londres, confesso que encontrei um outro nessas condições!...
>
> (Aluísio Azevedo, capítulo XXII de *Casa de pensão*)

> Fazem-se nesta corte muitas coisas por respeitos? Não perguntei bem. Faz-se alguma coisa nesta corte que não seja por respeitos! Ou nenhuma, ou muito poucas.
>
> (Vieira, parte VII do *Sermão do Terceiro Domingo da Quaresma*)

> A razão é fácil, porque no que fazia Elias, salvava a sua alma; no que deixava de fazer, perdiam-se muitas. Não digo bem: no que fazia Elias, parecia que salvava a sua alma; no que deixava de fazer, perdia a sua e a dos outros: as dos outros, porque faltava à doutrina; a sua, porque faltava à obrigação.
>
> (Vieira, parte VI do *Sermão do Primeiro Domingo do Advento*)

Figuras de troca II: exclamação, interrogação

Na segunda parte do *Sermão da Sexagésima*, Vieira enfileira uma série de perguntas a propósito da ineficácia das homilias:

> Nunca na Igreja de Deus houve tantas pregações, nem tantos pregadores como hoje. Pois se tanto se semeia a palavra de Deus, como é tão pouco o fruto? Não há um homem que em um sermão entre em si e se resolva, não há um moço que se arrependa, não há um velho que se desengane. Que é isto? Assim como Deus não é hoje menos omnipotente, assim a sua palavra não é hoje menos poderosa do que dantes era. Pois se a palavra de Deus é tão poderosa; se a palavra de Deus tem hoje tantos pregadores, por que não vemos hoje nenhum fruto da palavra de Deus? Esta, tão grande e tão importante dúvida, será a matéria do sermão. Quero começar pregando-me a mim. A mim será, e também a vós; a mim, para aprender a pregar; a vós, que aprendais a ouvir.

Observe-se que a tese apresentada por Vieira é que se prega muito, mas os resultados são poucos. O pregador poderia expor esse ponto, fazendo uma afirmação. No entanto, ele o faz sob a forma de perguntas. Troca-se a afirmação por uma questão. Trata-se do procedimento retórico intitulado *interrogação*, em que se acelera o andamento discursivo e se intensifica o sentido, expondo um ponto de vista por meio de perguntas. Observe-se que não são questões destinadas a obter uma informação que não se conhece, mas são interrogações destinadas a tornar mais forte o sentido. Por isso, essa interrogação recebe o nome de *interrogação retórica*.

Note-se a quantidade de questões retóricas no texto que segue:

> Abrasado pois o mundo, e consumido pela violência do fogo tudo o que a soberba dos homens e o esquecimento deste dia levantou e edificou na terra, quando já não se verão neste formoso e dilatado mapa senão umas poucas cinzas, relíquias de sua grandeza e desengano de nossa vaidade, soará no ar uma trombeta espantosa, não metafórica, mas verdadeira – que isto quer dizer a repetição de São Paulo: *Canet*

enin tuba. E obedecendo aos impérios daquela voz o céu, o inferno, o purgatório, o limbo, o mar, a terra, abrir-se-ão em um momento as sepulturas, e aparecerão no mundo os mortos vivos. Parece-vos muito que a voz de uma trombeta haja de achar obediência nos mortos? Ora, reparai em outro milagre maior, e não vos parecerá grande este. Entrai pelos desertos do Egito, da Tebaida, da Palestina, penetrai o mais interior e retirado daquelas soledades: que é o que vedes? Naquela cova vereis metido um Hilarião, naqueloutra um Macário, na outra mais apartada um Pacômio, aqui um Paulo, ali um Jerônimo, acolá um Arsênio, da outra parte uma Maria Egipcíaca, uma Taís, uma Pelágia, uma Teodora. Homens, mulheres, que é isto? Quem vos trouxe a este estado? Quem vos antecipou a morte? Quem vos amortalhou nesses cilícios? Quem vos enterrou em vida? Quem vos meteu nessas sepulturas? Quem? Responderá por todos São Jerônimo: *Semper mihi viretur insonare tuba illa terribilis: Surgite mortui, venite ad judicia:* Sabeis quem nos vestiu destas mortalhas, sabeis quem nos fechou nestas sepulturas? A lembrança daquela trombeta temerosa que há de soar no último dia: Levantai-vos, mortos, e vinde a juízo. Pois, se a voz desta trombeta só imaginada – pesai bem a consequência – se a voz desta trombeta só imaginada, bastou para enterrar os vivos, que muito que, quando soar verdadeiramente, seja poderosa para desenterrar os mortos? O meu espanto não é este. O que me espanta e o que deve assombrar a todos é que haja de bastar esta trombeta para ressuscitar os mortos, e que não baste para espertar os mortais? Credes, mortais, que há de haver juízo? Uma de duas é certa: ou o não credes, ou o não tendes. Virá o dia final, e então sentirá nossa insensibilidade sem remédio o que agora pudera ser com proveito. Quanto melhor fora chorar agora e arrepender agora, como faziam aqueles e aquelas penitentes do ermo, do que chorar e arrepender depois, quando para as lágrimas não há de haver misericórdia, nem para os arrependimentos perdão. Agora vivemos como queremos, e ainda mal porque depois havemos de ressuscitar como não quiséramos.

(Vieira, parte I do *Sermão do Primeiro Domingo do Advento*)

Outro modo de aceleração do andamento do texto e de intensificação do sentido é a *exclamação*, figura que consiste em apresentar exclamativamente um ponto de vista, que poderia apenas ser afirmado. Nela, troca-se a afirmação pela exclamação. Na parte VI do poema *O navio negreiro*, de Castro Alves, o poeta, ao mostrar que existe um povo que empresta sua bandeira para a covardia que era o tráfico negreiro, não dá a conhecer essa posição afirmando, mas exclamando. Para dar mais força à exclamação, coloca depois dela reticências para indicar pausas de elocução:

> Existe um povo que a bandeira empresta
> P'ra cobrir tanta infâmia e cobardia!...
> E deixa-a transformar-se nessa festa
> Em manto impuro de bacante fria!...

186 Figuras de retórica

Na parte x do *Sermão nas Exéquias de D. Maria de Ataíde*, Vieira, ao invés de afirmar que há idades cegas, gentilezas enganadas e discrições mal-entendidas, apresenta três exclamações, para, em seguida, explicar por que são cegas as idades, enganadas as gentilezas e mal-entendidas as discrições:

> Oh! idades cegas! Oh! gentilezas enganadas! Oh! discrições mal-entendidas! Vive a idade como se não houvera morte. Vive a gentileza como se não passara o tempo. Vive a discrição como se não temera o juízo.

Metaplasmos e metágrafos

Na terceira página de *Grande sertão: veredas*, de Guimarães Rosa, ocorre a seguinte passagem:

> De primeiro, eu fazia e mexia, e pensar não pensava. Não possuía os prazos. Vivi puxando difícil de difícel, peixe vivo no moquém: quem mói no asp'ro não fantaséia. Mas, agora, feita a folga que me vem, e sem pequenos desassossegos, estou de range rede. E me inventei neste gosto de especular ideia. O diabo existe e não existe? Dou o dito. Abrenúncio. Essas melancolias. O senhor vê: existe cachoeira, e pois? Mas a cachoeira é barranco de chão, e água se caindo por ele, rebombando; o senhor consome essa água ou desfaz o barranco, sobra cachoeira alguma? Viver é negócio muito perigoso.

Nessa passagem, alguns fatos chamam atenção: a palavra *difícel*, em que o *i* da sílaba final se transforma em *e*; a queda da vogal no meio da palavra *áspero*, que muda para *asp'ro*; o acréscimo de um *e* no meio da forma verbal *fantasia*, que passa a ser *fantaséia*. Todas essas mudanças sonoras são chamadas *metaplasmos* (do grego *metá*, "além de", e *plasmós*, "formação", isto é, "transformação"). Em gramática histórica, os metaplasmos são as mudanças fônicas que as palavras sofreram ao longo da história. No entanto, num estado de língua, como a de hoje, por exemplo, os metaplasmos caracterizam certas variedades linguísticas, porque as mudanças não são idênticas em todos falares. Os efeitos dos metaplasmos dão-se numa unidade superior às do nível fônico, ocorrem nas palavras, criando, assim, vocábulos, que são variantes uns dos outros. A palavra é, como definiu Bloomfield, a menor forma livre (1933: 178).

Usam-se variantes linguísticas para dar concretude a certas identidades retratadas no texto, seja a do narrador ou de alguma personagem. Essas identidades podem ser sociais (como no uso de variedades populares em *Inocência*, de Taunay; *O mulato* e *O cortiço*, de Aluísio Azevedo; *O tronco do ipê*, de Alencar), regionais (por exemplo, para caracterizar uma personagem como gaúcha, como ocorre em *O Analista de Bagé*, de Luís Fernando Veríssimo) ou temporais (para assinalar a idade

188 Figuras de retórica

de uma personagem). As variantes podem caracterizar um espaço de fala, como o Rio Grande do Sul, retratado na obra de Simões Lopes Neto, ou um tempo, como nas *Sextilhas do Frei Antão*, de Gonçalves Dias, em que o poeta, para explorar o medievalismo, escreve num português "arcaico" que a rigor não se enquadra em nenhuma fase determinada da história da língua, pois o poema foi composto num idioma misto de todas as épocas por que passara a língua portuguesa até então.

Quando se diz que o uso de variantes linguísticas dá concretude a actantes, tempos e espaços da enunciação ou do enunciado, o que se quer dizer é que sua utilização intensifica o sentido.

Os metaplasmos podem classificar-se em metaplasmos por adição, por subtração, por transposição e por permuta.

- Metaplasmos por adição:

Prótese, do grego *próthesis*, que significa "ação de colocar na frente", é o aumento de um som no início da palavra:

> A preta fez uma pausa.
> – Não me *alembro* (= lembro) mais!
> – Ora, vovó! disse Alice queixosa.
>
> (Capítulo VI da primeira parte de *O tronco do ipê*, de Alencar)

> Cesse tudo o que a Musa antiga canta,
> Que outro valor mais alto se *alevanta* (= levanta)
>
> (*Os Lusíadas*, I, 3, 7-8)

> Mais estanças cantara esta Sirena
> Em louvor do ilustríssimo Albuquerque,
> Mas *alembrou-lhe* (= lembrou) uma ira que o condena,
> Posto que a fama sua o mundo cerque.
>
> (*Os Lusíadas*, X, 45, 1-4)

> E mostrando no angélico semblante
> Co'o riso uma tristeza misturada,
> Como dama que foi do incauto amante
> Em brincos amorosos mal tratada,
> Que se *aqueixa* (= queixa) e se ri num mesmo instante,
> E se torna entre alegre magoada,
> Destarte a Deusa a quem nenhuma iguala,
> Mais mimosa que triste ao Padre fala.
>
> (*Os Lusíadas*, II, 38)

Epêntese, do grego *epenthésis*, que quer dizer "aumento", "intercalação", é o aumento de um som no meio da palavra:

> Grande anúncio é de gosto. Mas que muito,
> Se neste feliz dia
> De Lise, e de Palemo
> Se *premeia* a virtude!
>
> (Cantata VI de Cláudio Manuel da Costa)

> Mau eu não sou. Cobra? – ele disse. Nem cobra *serepente* (= serpente) malina não é. Nasci devagar. Sou é muito cauteloso.
>
> (Guimarães Rosa, *Grande sertão: veredas*. 20. ed. Rio de Janeiro: Nova Fronteira, 1986, p. 168)

Suarabácti (do sânscrito *svarabhakti*, que indica "separação por meio de vogal") ou *anaptixe* (do grego *anapytksis*, que denota "ação de abrir") é um tipo particular de epêntese, em que se coloca um som vocálico no meio de um grupo consonantal para desfazê-lo: "O *Quelemente* (= Clemente), filho da velha, entrou. Estava ensopadinho da silva" (conto "Nhola dos Anjos e a cheia de Corumbá", de Bernardo Ellis).

Paragoge (do grego *paragogé*, que significa "prolongamento") ou *epítese* (do grego *epíthesis*, "ação de pôr sobre") é o acréscimo de um som no final da palavra:

> O senhor, continuou Cirino com entono, teve maleitas muitos anos *afios* (= a fio) depois começou a sentir fastio e o estômago embrulhado; inchou todo e em seguida definhou... Aos poucos, foi perdendo a sustância e o talento.
>
> (Capítulo XVI de *Inocência*, de Taunay)

* Metaplasmos por subtração:

Aférese (do grego *apháiresis*, que indica "ação de retirar") é a omissão do som inicial de uma palavra:

> São finalmente necessárias, além das senzalas dos escravos, e além das moradas do capelão, feitores, mestre, purgador, banqueiro e caixeiro, uma capela decente com seus ornamentos e todo o aparelho do altar, e umas casas para o senhor do engenho, com seu quarto separado para os hóspedes que, no Brasil, falto totalmente de estalagens, são contínuos; e o edifício do engenho, forte e espaçoso, com as mais oficinas e a casa de purgar, caixaria, *lambique* (= alambique) e outras cousas, que, por miúdas, aqui se escusa apontá-las, e delas se falará em seu lugar.
>
> (Capítulo I da primeira parte de *Cultura e opulência do Brasil*, de Antonil)

190 Figuras de retórica

Síncope (do grego *synkopé*, "redução") é a queda de um som no meio da palavra:

– Boa noite, tio velho! disse Manuel.
– D'es-*b'a*-noite (= boa), branco!, respondeu o negro.

(Capítulo 11 de *O mulato*, de Aluísio Azevedo)

Formosas são algumas e outras feias,
Segundo a qualidade for das chagas;
Que o veneno espalhado pelas veias
Curam-no às vezes ásperas *triag*as (teriaga = contraveneno)

(*Os Lusíadas*, IX, 33, 1-4)

Haplologia (do grego *haplós*, "simples", "não complicado", e *lógos*, "palavra") é a síncope em que ocorre a queda de uma sílaba no meio da palavra: "Se sou mineiro? Bem, é conforme, dona. (Sei lá por que ela está perguntando?) Sou de *Belzonte* (=Belo Ho(ri)zonte), uai" (crônica "Minas enigma", de Fernando Sabino).

Apócope (do grego *apokopé*, "amputação", "encurtamento") é a queda de um som no final da palavra:

– Não me conhece mais? Sou o general, o Coronel Albernaz.
– Ah! É sô *coroné*!... (= coronel) Há quanto tempo! Como está nhã Maricota?
– Vai bem. Minha velha, nós queríamos que você nos ensinasse umas cantigas.
– Quem sou eu, ioiô!
– Ora! Vamos, tia Maria Rita... você não perde nada... você não sabe o "Bumba-meu-Boi"?
– *Quá* (= qual), ioiô, já mi esqueceu.
– E o "Boi Espácio"?
– Coisa veia, do tempo do cativeiro – pra que sô *coroné* (= coronel) *qué* (= quer) *sabê* (= saber) isso?

(Capítulo II da primeira parte de *Triste fim de Policarpo Quaresma*, de Lima Barreto)

– Negócio de partido. Pelo que ouvi: "Seu" Tenente Antonino é pelo "*governadô*" (= governador) e "Seu *dotô* (= doutor: nesse caso, ocorre também a monotongação do ditongo *ou*) *Campo*" (= Campos) é pelo "*senadô*" (= senador)... Um "sarcero", patrão!
– E você, por quem é?
Felizardo não respondeu logo. Apanhou a foice e acabou de cortar um galho que enleava o tronco a remover. Anastácio estava de pé e considerou um instante a figura do companheiro palrador. Respondeu afinal:
– Eu! Sei lá... Urubu pelado não se mete no meio dos coroados. Isso é bom pro "*sinhô*" (= senhor).
– Eu sou como você, Felizardo.

– Quem me dera, meu "*sinhô*" (= senhor). Inda "*trasantonte*" (= transanteontem: nesse caso, há também a síncope do *e*) ouvi "*dizê*" (= dizer) que o patrão é amigo do "*marechá*" (= marechal).

(Capítulo III da segunda parte de *Triste fim de Policarpo Quaresma*, de Lima Barreto)

Assim perdeu muita semente e Felizardo mesmo sorria dos seus aparelhos, com aquele grosso e cavernoso sorriso de troglodita:
– "*Quá*" (= qual) patrão! Isso de chuva vem quando Deus "*qué*" (= quer).

(Capítulo IV da segunda parte de *Triste fim de Policarpo Quaresma*, de Lima Barreto)

A minha gente está toda fora declarou o roceiro. Mas não faz mal, temos aí de sobra com que passar. Ó Gregório!
– Meu *senhô* (= senhor)!
Veio logo um preto velho, a quem ele se dirigiu para dar as ordens em voz baixa.

(Capítulo 10 de *O mulato*, de Aluísio Azevedo)

Sinalefa (do grego *synaléipha*, "união") ou *elisão* (do verbo latino *elido*, "expulsar para fora", "suprimir letras numa composição") é a queda da vogal final de uma palavra, quando a seguinte começa por vogal:

– Quem é aquele sujeito, que ali vai de roupa clara e um chapéu de palha?
– *Or'essa* (= ora essa)! Pois ainda não sabes? respondia um Bento. É o hóspede de Manuel Pescada!

(Capítulo 5 de *O mulato*, de Aluísio Azevedo)

Crase (do grego *krásis*, que quer dizer "mistura", "contração") é a fusão de duas vogais iguais, que ocorrem na mesma palavra ou em palavras contíguas. É um fenômeno corrente em todas as variedades linguísticas do português e, por isso, é utilizada na contagem de sílabas métricas. Como não distingue uma variedade linguística, não é usada para marcar identidade:

Os bandos dos salteadores escolheram para centros das suas operações as matas próximas dos rios, as *catingas* (= caatingas) pegadas aos caminhos donde podiam facilmente espreitar e acometer a seu salvo os inofensivos viajantes que, com o fruto do trabalho honesto e da indústria esforçada, deixaram muitas vezes nessas medonhas solidões o seu sangue, a sua própria vida.

(Capítulo V de *O cabeleira*, de Franklin Távora)

Chorarei *toda a* noi*te, en*quanto
perpass*a o* tumulto nos ares

(Terceira estrofe do poema "Acontecimento", de Cecília Meireles)

192 Figuras de retórica

- Metaplasmos por transposição:

Metátese (do grego *metáthesis*, que significa "transposição") é a alteração da ordem de dois elementos fônicos:

> – Terra não é nossa... E "*frumiga*" (= formiga)?... Nós não "tem" ferramenta... isso é bom para italiano ou alamão, que governo dá tudo... Governo não gosta de nós...
>
> (Capítulo III da segunda parte de *Triste fim de Policarpo Quaresma*, de Lima Barreto)

Hiperbibasmo (do grego *hyperbibasmós*, que indica "passagem para outro lugar") é a mudança do lugar do acento tônico: "*Vóce* (= você), respondeu o alemão, bate neles com cacete..." (capítulo VIII de *Inocência*, de Taunay) (aqui, imita-se a fala do alemão Meyer).

- Metaplasmos por permuta:

Assimilação é a aproximação ou identificação de dois fonemas, pela influência de um sobre o outro:

> – Doutor?! exclamou este com despeito.
> – Sim, mas doutor que não cura doenças. É *alamão* (= alemão: o *e* indentifica-se com o *a*) lá da estranja, e vem desde a cidade de São Sebastião do Rio de Janeiro caçando *anicetos* (nesse caso, há uma assimilação e uma epêntese) e picando *barboletas* (nesse caso, há uma dissimilação)...
>
> (Capítulo VIII, de *Inocência*, de Taunay)

> Sabe o senhor que aquele *Mochú* é pior que um tigre preto?... Parece homem à toa, um punga, incapaz de matar uma pulga, não é?... Pois aquilo é uma alma danada... um *sudutor* (= sedutor)...
>
> (Capítulo XX de *Inocência*, de Taunay)

> – E a dor, perguntou Cirino, ainda a sente?
> – Toda a vida, respondeu o capataz... O que me *aflege* (= aflige) mais é que há comidas então que não me passam a goela... É um fastio dos meus pecados... Boto uns pedacinhos no bucho e parece-me que dentro tenho um bolo que me está a subir e descer pela garganta...
>
> (Capítulo XXII de *Inocência*, de Taunay)

Dissimilação é o afastamento ou diferenciação de dois fonemas, pela influência de um sobre o outro:

A comadre quando ouviu falar em pílulas franziu a testa.

– *Pírolas* (= pílulas), disse consigo; então o negócio é sério; e eu, que tenho má-fé com *pírolas*; ainda não vi uma só pessoa que as tomasse que escapasse.

(Capítulo XXVIII de *Memórias de um sargento de milícia*, de Manuel Antônio de Almeida)

– Não *semos* (= somos) nada neste mundo!... suspirou, com a mão no queixo, uma mulherinha magra e pisca-pisca, que até então se conservara numa imobilidade enternecida.

(Capítulo 9 de *O mulato*, de Aluísio Azevedo)

Coro de Rapazes-*Menino* da escola *semos* (= somos)
E mais que o mestre sabemos,
Pois todos *este menino*
Sabe a cartilha de *có,*
Tanto os *pequenino*
Como os *mais maió!*

(Cena XII do terceiro ato da peça *Os noivos,* de Artur Azevedo)

Ensurdecimento é a troca de um fonema sonoro por um surdo. No exemplo que segue se pretende imitar a fala de um alemão, idioma em que há o fenômeno de ensurdecimento das sonoras: "Ouvira Meyer estas indicações terapêuticas com os olhos muito fitos em quem as dava: depois, voltando-se para Pereira, disse com um aprobatório aceno de cabeça: – *Pom* (= bom) médico! *pom* médico!" (capítulo X de *Inocência*, de Taunay).

Vocalização é a conversão de um fonema consonântico num vocálico:

– Há "*baruio*" (= barulho) na Corte e dizem que vão "arrecrutá". Vou pro mato... Nada!
– Que barulho?
– "Tá" nas "*foias*" (= folhas), sim "sinhô".

(Capítulo IV da segunda parte de *Triste fim de Policarpo Quaresma*, de Lima Barreto)

Desnasalação é a conversão de um fonema nasal em oral:

A criadagem da família, do Miranda compunha-se de Isaura, mulata ainda moça, moleirona e tola, que gastava todo o vintenzinho que pilhava em comprar capilé na venda de João Romão; uma negrinha virgem, chamada Leonor, muito ligeira e viva, lisa e seca como um moleque, conhecendo de orelha, sem lhe faltar um termo, a vasta tecnologia da obscenidade, e dizendo, sempre que os caixeiros ou os fregueses da taverna, só para mexer com ela, lhe davam atracações: *"Óia* (= olha: nesse caso, há uma vocalização), que eu me queixo ao juiz de *orfe!"* (= órfão: há uma desnasalação seguida de uma dissimilação), e finalmente o tal Valentim, filho de uma escrava que foi de Dona Estela e a quem esta havia alforriado.

(Capítulo II de *O cortiço*, de Aluísio Azevedo)

Nasalação é a conversão de um fonema oral em nasal:

Neves Cogominho, Macieira, Numa, Souza, Pieterzoon, Costale e todas as senhoras interessaram-se, conseguindo dissuadi-lo de efetuar a diligência. Lucrécio foi levado para um dos quartos dos criados; e o Dr. Chaveco, apanhando o chapéu e a bengala, sem castão nem ponteira, despediu-se:
– *Tá bão.... Inté* (= até) *menhã*!

(Capítulo V de *Numa e a ninfa*, de Lima Barreto)

Rotacismo é a troca do *l* por *r*:

Era este *Ingrês* (= inglês) potente e militara
Cos Portugueses já contra Castela,
Onde as forças magnânimas provara
Dos companheiros, e benigna estrela.

(*Os Lusíadas*, VI, 47, 1-4)

Eusébio (Ao credor.) – Seu desgraçado, não tenho dois conto aqui no *borso* (= bolso), mas me acompanha na casa do meu correspondente, na Rua de São Bento... vem recebê o teu *mardito* (= maldito) dinheiro!

(Cena II do quadro VIII (3º ato) da peça *A capital federal*, de Artur Azevedo)

Lambdacismo é a troca do *r* pelo *l*, como faz Cebolinha, personagem de Maurício de Souza. Numa tirinha, a personagem está pescando e diz: "*Polcalia* (= porcaria)! Só pego essas *tlanqueilas* (= tranqueiras)."

Monotongação é a conversão de um ditongo em monotongo:

Eu fui. Bati. Veio um *sordado e preguntó* (= perguntou; nesse caso, há uma metátese e uma monotongação) o que eu queria. *Falá* a sua *insolência, o Sinhô* Ministro. Sua *insolência* não fala a ninguém! *Apois*. E eu já ia me *arretirando,* quando o Ministro mesmo me chamou da janela.

(Cena XI do quarto ato da peça *O Barão de Pituaçu*, de Artur Azevedo)

No texto que segue, denominado "Burro chucro", cantiga tradicional recolhida por Francisco de Assis Bezerra de Menezes, temos quase todos os metaplasmos, configurando o que se chamou a variedade caipira do português:

Amontei num burro chucro
Mode uma aposta ganhá
Que é que eu tinha co'esse burro
Que é que eu tinha de amontá
Oito parmo de artura
Da garupa inté no chão
Nunca vi burro mais chucro
Preto assim que nem tição
Prigunte pra quem quisé
Eu amontava muito bem
Se argum dia eu fui pro chão
O animale foi também
Eu passava por Barretos
Vieram me desafiar
Que é que eu tinha co'esse burro
Que é que eu tinha de amontá
O dono do burro chucro
Na fazenda me ispricô
Quinze pião bicharedo
Esse burro adirribô
Vale quinhentos milréis
Se tu amunta d'uma vez
Inda pago o teu enterro
Como já paguei pra treis
A fia do fazendeiro
Também tava no currar
Com aqueles oio brejeiro
Garrou a me desafiar
Respondi para o pai dela
Teu burro vou amansar
Que é que eu tinha co'esse burro
Que é que eu tinha de amontá
Apertei a barrigueira
E amontei com decisão
Esse burro fez de tudo
Para me jogar no chão
Empinou que nem cabrito
Pulou feito assombração
Mas depois de meia hora
Já num era xucro não
Recebi a minha aposta

196 Figuras de retórica

Ali memo no currar
Ali memo combinemo
O dia de nós casá
Em sinar de gratidão
Veio o burro no enxová
Que é que eu tinha co'esse burro
Que é que eu tinha de amontá

Metágrafos são mudanças gráficas, pois muitas vezes são as letras e não os sons que significam. Alguns procedimentos chamam a atenção. O primeiro são os erros de ortografia, para criar uma identidade para as personagens. No texto que segue, a troca dos dois *s* por *ç* ou vice-versa dá uma imagem de Júlio:

> Queridinha *confeço*-te que ontem quando recebi a tua carta minha mãe viu e fiquei tão louco que c*onfecei* tudo a mamãe que lhe amava muito e fazia por você as maiores violências, ficaram todos contra mim é a razão porque previno-te que não ligues ao que lhe disserem, por isso *pesso*-te que preze bem o meu sofrimento. Pense bem e veja se estás resolvida a fazer o que lhe pedi na última cartinha.
> Saudades e mais saudades deste infeliz que tanto lhe adora e não é correspondido. O teu Júlio.
>
> (Conto "Clara dos anjos" de *Histórias e sonhos*, de Lima Barreto)

A não realização de uma letra ou todas, por um aparente decoro, acaba por intensificar um determinado vocábulo:

> – Não foi assim, não senhor... Essa mulher sempre embicava comigo... Não sei por que, sempre andava com rezinga... Um dia era isso, outro dia era aquilo... Se o vento punha a sua roupa no chão, era eu; se...
> – Mas afinal a galinha saiu ou não saiu de sua casa?
> – Saiu, sim senhor; mas foi por acaso...
> – Por acaso o quê! sua ladra, sua *p*...
>
> (Capítulo v de *Recordações do escrivão Isaías Caminha*, de Lima Barreto)

> – Eu já disse aos senhores que isto não é escada para ninguém subir... É um escândalo! Todo o dia elogios, adjetivos e *encher o*... desses pulhas aí! Já disse que "eminente" aqui é só o José Bonifácio. – Arre! Quem é esse tal Ruskin que morreu?
>
> (Capítulo VIII de *Recordações do escrivão Isaías Caminha*, de Lima Barreto)

A repetição das vogais indica o alongamento da fala, enquanto palavras escritas em caixa alta denotam uma intensidade muito grande da emissão sonora:

No pátio, o instrutor coxo adestrava novos voluntários e os seus majestosos e demorados gritos: *ombroôô...* armas! *mei-ããã* volta... volver! subiam ao céu e ecoavam longamente pelos muros da antiga estalagem.

(Capítulo III da terceira parte de *Triste fim de Policarpo Quaresma*, de Lima Barreto)

Parecia um louco. Driblou. Escorregou. Driblou. Correu. Parou. Chutou.
– *Gooool! Gooool!*
Miquelina ficou abobada com o olhar parado. Arquejando. Achando aquilo um desaforo, um absurdo.

Aleguá-guá-guá! Aleguá-guá-guá! Hurra! Hurra! Corinthians!
Biagio alcançou a bola. Aí, Biagio! Foi levando, foi levando. Assim, Biagio! Driblou um. Isso! Fugiu de outro. Isso! Avançava para a vitória. Salame nele, Biagio! Arremeteu. Chute agora! Parou. Disparou. Parou. Aí! Reparou. Hesitou. Biagio Biagio! Calculou. Agora! Preparou-se. Olha o Rocco! É agora. Aí! Olha o Rocco! Caiu.
– *CA-VA-LO!*
Prrrrii!
– Pênalti!

O campo ficou vazio.
– *Ó... lh'a* gasosa!

(Os três últimos exemplos são do conto "Corinthians (2) vs. Palestra (1)" do livro *Brás, Bexiga e Barra Funda*, de Alcântara Machado)

Índice Remissivo

adínaton 32, 81, 84
aférese 33, 189
aliteração 32, 109, 111
anacoluto 10, 33, 166-167, 169
anadiplose 32, 120-121
anáfora 32, 118, 121
anaptixe 33, 189
anástrofe 33, 171-173, 175, 178
antanáclase 33, 132
anticlímax 33, 147-148
antífrase 32, 69-70, 164
antimetábole 33, 124-125
antítese 33, 151-153
antonomásia 32, 37-38
apócope 33, 190
aposiopese 32, 88-90
apóstrofe 32, 55, 57-58
assimilação 33, 192
assíndeto 33, 163-164
assonância 32, 109, 111-112
clímax 33, 147

concatenação 33, 147-148
conglobação 33, 141-142
correção 26, 29, 33, 39, 181-183
crase 33, 191
cronografia 157, 162
demonstração 155
desnasalação 33, 193-194
diácope 32, 115-116
diáfora 33, 132
diatipose 155
dissimilação 33, 192, 194
écfrase 155, 157
elipse 33, 163-165
elisão 33, 191
enálage 32, 97
enargia 155
ensurdecimento 33, 193
enumeração 33, 141-142, 163-164
epanadiplose 32, 120
epanalepse 32, 115, 117
epanástrofe 33, 127, 130-131

200 Figuras de retórica

epânodo 33, 124, 126

epanortose 33, 181-183

epêntese 33, 189, 192

epífora 32, 118-119

epimerismo 33, 141-142

epímone 32, 120, 122

epíploce 33, 147-150

epístrofe 32, 118-119

epítese 33, 189

epizeuxe 32, 115-116

estribilho 33, 127-128

etopeia 157-158

eufemismo 32, 78-80

evidência 155

exclamação 33, 184-186

gradação 33, 147-149

haplologia 33, 190

hendíade 32, 107

hipálage 32, 66-68

hipérbato 33, 171, 173-175, 179

hiperbibasmo 33, 192

hipérbole 32, 75-77

hipotipose 33, 154-155, 157, 162

histerologia 33, 177-178

homeoptoto 32, 109, 114, 134

homeoteleuto 32, 109, 112, 114

hýsteron próteron 33, 177-178

ilustração 155

interrogação 33, 52, 61, 178, 184

ironia 32, 60, 69-72, 164

isócolo 33, 138-140

lambdacismo 33, 194

lítotes 32, 73-74

mesodiploses 32

metábole 33, 125, 143, 146

metáfora 15-18, 22, 28-32, 34-36, 40-42, 45, 47, 53, 61, 81-82, 105, 156

metalepse 32, 103-106

metátese 33, 192, 194

metonímia 15-17, 28-32, 37-42, 45, 67, 82, 103-104, 137

monotongação 33, 190, 194

nasalização 33

oximoro 29, 32, 59-62

palilogia 33, 127

paradiástole 33, 132, 135

paráfrase 31, 33, 136-137

paragoge 33, 189

paralelismo 33, 138-139

paralelo 46, 138, 157-158

parêntese 33, 167, 177, 179

parequema 32, 109, 112

paronomásia 33, 132-133

perífrase 32, 81-84, 164

pleonasmo 33, 136

ploce 32, 120-122

poliptoto 33, 132, 134

polissíndeto 32, 120, 122

preterição 32, 85-87

prosopografia 157

prosopopeia 32, 51-55

prótese 33, 188

quiasmo 33, 124-126

reduplicação 32, 115-117

refrão 33, 127-128

reticência 32, 88-90, 185

retificação 33, 181, 183

retroação 33, 181-182

rima 32, 109, 112-113, 151

ritornelo 33, 127-129

rotacismo 33, 194

silepse 32, 91-95

símploce 33, 124

sinalefa 33, 191

síncope 33, 190-191

sinédoque 32, 37-39, 81

sinestesia 32, 63, 65

sinonímia 33, 137, 143, 145

sínquise 33, 171, 175-176

sorites 33, 147, 150

suarabácti 33, 189

suspensão 33, 177, 179-180

topografia 157, 159, 161

vocalização 33, 193

zeugma 33, 166-167

Bibliografia

ARISTÓTELES. *Rhétorique*. Paris: Librairie Générale Française, 1991.

AUSTIN, John Langshaw. *Quando dizer é fazer*: palavras e ação. Trad. Danilo Marcondes de Souza Filho. Porto Alegre: Artes Médicas, 1990.

BARTHES, Roland. A retórica antiga. In: COHEN, Jean et al. *Pesquisas de retórica*. Trad. Leda Pinto Mafra Iruzun. Petrópolis: Vozes, 1975, p. 147-224.

BENDER, John; WELLBERY, David E. *The Ends of Rhetoric*: History, Theory and Practice. Stanford: Stanford University Press, 1990.

BENVENISTE, Émile. *Problèmes de linguistique générale*. Paris: Gallimard, 1974, v. 2.

_____. *Problemas de linguística geral*. Trad. Maria da Glória Novak e Luiza Néri. São Paulo: Nacional/Edusp, 1976, v. 1.

BERTRAND, Denis. "Entre catachrese et métaphore: la figuration du discours". In: BÄHLER, Ursula (ed.). *Sémiotique de la métaphore*. Neuchâtel: La Baconnière, 2008, p. 113-35.

_____. "La provocation figurative de la metamorphose". In: GESLIN-BEYAERT, Anne; BLAISE-COLAS, Marion (eds.). *Le sens de la metamorphose*. Limoges: Pulim, 2009.

BLOOMFIELD, Leonard. *Language*. New York: Henry Holt, 1933.

CÉSAR. *Commentarii de Bello Gallico*. Paris: Les Belles Lettres, 1926.

CÍCERO, Marco Túlio. *L'orateur*. Paris: Les Belles Lettres, 1921.

_____. *De oratore*. Paris: Garnier, 1932.

COHEN, Jean et al. *Pesquisas de retórica*. Trad. Leda Pinto Mafra Iruzun. Petrópolis: Vozes, 1975, p. 147-224.

DUBOIS, Jean et al. *Retórica geral*. Trad. Carlos Felipe Moisés et al. São Paulo: Cultrix/Edusp, 1974.

DUCROT, Oswald. *O dizer e o dito*. São Paulo: Cultrix, 1972.

DURAND, Jacques. Rhétorique et image publicitaire. *Communications*, Paris: Seuil, 1970, 15, p. 70-95.

EAGLETON, Terry. *Critique et théories littéraires*: une introduction. Paris: PUF, 1994.

FONTANIER, Pierre. *Les figures du discours*. Paris: Flammarion, 1968.

GENETTE, Gerard. *Figures III*. Paris: Seuil, 1972.

_____. A retórica restrita. In: COHEN, Jean et al. *Pesquisas de retórica*. Petrópolis: Vozes, 1975, p. 129-46.

_____. *Métalepse*: De la figure à la fiction. Paris: Seuil, 2004.

GESLIN-BEYAERT, Anne; BLAISE-COLAS, Marion (eds.). *Le sens de la metamorphose*. Limoges: Pulim, 2010.

GREIMAS, Algirdas Julien; COURTÉS, Joseph. *Sémiotique. Dictionnaire raisonné de la thérie du langage*. Paris: Hachette, 1979.

HUGO, Victor. *Les contemplations*. Paris: Gallimard, 1973.

JAKOBSON, Roman. *Essais de linguistique générale*. Paris: Les Éditions de Minuit, 1963, t. I.

_____. *Linguística e comunicação*. Trad. I. Blikstein e J. P. Paes. São Paulo: Cultrix/ Edusp, 1969.

LAUSBERG, Heinrich. *Elementos de retórica literária*. Trad. R. M. Rosado Fernandes. Lisboa: F. Calouste Gulbenkian, 2004.

LOTMAN, Iuri et al. *Ensaios de semiótica soviética*. Trad. V. Navas e S. T. Menezes. Lisboa: Livros Horizonte, 1981.

204 Figuras de retórica

McLuhan, Marshall. *Os meios de comunicação como extensão do homem*. Trad. Décio Pignatari. São Paulo: Cultrix, 1969.

Pereira, Eduardo Carlos. *Gramática expositiva:* curso superior. 110. ed. São Paulo: Companhia Editora Nacional, 1958.

Perelman, Chaïm; Olbrechts-Tyteca, Lucie. *La nouvelle rhétorique. Traité de l'argumentation*. Paris: puf, 1970.

Plantin, Christian. *L'argumentation*. Paris: Seuil, 1996.

Quintiliano, Marco Fábio. *Institution oratoire*. Paris: Les Belles Lettres, 1980.

Rener, Frederick M. *Interpretatio. Language and Translation from Cicero to Tytler*. Amsterdam/Atlanta: Éditions Rodopi, 1989.

Retórica a Herênio. Trad. e intr. Ana Paula Celestino Faria e Adriana Seabra. São Paulo: Hedra, 2005.

Ricoeur, Paul. *A metáfora viva*. Trad. Dion Davi Macedo. São Paulo: Loyola, 2000.

Saussure, Ferdinand de. *Curso de linguistica geral*. Trad. Antônio Chelini. São Paulo: Cultrix/ Edusp, 1969.

Teixeira, Lucia. Arrufos na memória. *Revista da Anpoll*, São Paulo, v. 2, 1996, p. 95-108.

Ullmann, Stephen. *Semântica*: uma introdução à ciência do significado. Trad. J. A. Osório Mateus. 3. ed. Lisboa: Fundação Calouste Gulbenkian, s.d.

Valery, Paul. *Variedades*. Trad. Maiza Martins Siqueira. São Paulo: Iluminuras, 1991.

Zilberberg, Claude. Síntese da gramática tensiva. Trad. Ivã Carlos Lopes e Luiz Tatit. *Significação. Revista Brasileira de Semiótica*. São Paulo: eca-usp/Annablume, 2006, 25, p. 163-204.

O autor

José Luiz Fiorin é mestre em Linguística pela Universidade de São Paulo e doutor em Linguística pela mesma universidade. Fez pós-doutorado na École des Hautes Études en Sciences Sociales (Paris) e na Universidade de Bucareste. Fez livre-docência em Teoria e Análise do Texto na Universidade de São Paulo. Atualmente é professor-associado do Departamento de Linguística da FFLCH da Universidade de São Paulo. Foi membro do Conselho Deliberativo do CNPq (2000-2004) e representante da Área de Letras e Linguística na Capes (1995-1999). Além de muitos artigos em revistas especializadas, publicou, pela Editora Contexto, capítulos nos livros *Comunicação e análise do discurso*, *Enunciação e discurso*, *Bakhtin: outros conceitos-chave* e *Ethos discursivo*. Também é autor de *Em busca do sentido* e *Elementos de análise do discurso* e organizador de *Introdução à Linguística* (volumes I e II) e *África no Brasil*, todos igualmente pela Editora Contexto.

CADASTRE-SE
EM NOSSO SITE,
FIQUE POR DENTRO DAS NOVIDADES
E APROVEITE OS MELHORES DESCONTOS

LIVROS NAS ÁREAS DE:

História | Língua Portuguesa
Educação | Geografia | Comunicação
Relações Internacionais | Ciências Sociais
Formação de professor | Interesse geral

ou
editoracontexto.com.br/newscontexto

Siga a Contexto
nas Redes Sociais:
@editoracontexto

GRÁFICA PAYM
Tel. [11] 4392-3344
paym@graficapaym.com.br